Kohlhammer

Die Autorin

Dr. phil. **Silke Schwarz** ist niedergelassene Psychologische Psychotherapeutin, wissenschaftliche Referentin im Traumanetz Berlin, S.I.G.N.A.L. e. V. sowie Sprecherin der Arbeitsgruppe Psychische Gesundheit gewaltbetroffener Frauen im Arbeitskreis Frauengesundheit in Medizin, Gesellschaft und Psychotherapie e. V.

Silke Schwarz

Psychotherapie bei Partnerschaftsgewalt

Herausforderungen in der Arbeit mit
betroffenen Frauen

Verlag W. Kohlhammer

Dieses Werk einschließlich aller seiner Teile ist urheberrechtlich geschützt. Jede Verwendung außerhalb der engen Grenzen des Urheberrechts ist ohne Zustimmung des Verlags unzulässig und strafbar. Das gilt insbesondere für Vervielfältigungen, Übersetzungen, Mikroverfilmungen und für die Einspeicherung und Verarbeitung in elektronischen Systemen.

Pharmakologische Daten, d. h. u. a. Angaben von Medikamenten, ihren Dosierungen und Applikationen, verändern sich fortlaufend durch klinische Erfahrung, pharmakologische Forschung und Änderung von Produktionsverfahren. Verlag und Autoren haben große Sorgfalt darauf gelegt, dass alle in diesem Buch gemachten Angaben dem derzeitigen Wissensstand entsprechen. Da jedoch die Medizin als Wissenschaft ständig im Fluss ist, da menschliche Irrtümer und Druckfehler nie völlig auszuschließen sind, können Verlag und Autoren hierfür jedoch keine Gewähr und Haftung übernehmen. Jeder Benutzer ist daher dringend angehalten, die gemachten Angaben, insbesondere in Hinsicht auf Arzneimittelnamen, enthaltene Wirkstoffe, spezifische Anwendungsbereiche und Dosierungen anhand des Medikamentenbeipackzettels und der entsprechenden Fachinformationen zu überprüfen und in eigener Verantwortung im Bereich der Patientenversorgung zu handeln. Aufgrund der Auswahl häufig angewendeter Arzneimittel besteht kein Anspruch auf Vollständigkeit.

Die Wiedergabe von Warenbezeichnungen, Handelsnamen und sonstigen Kennzeichen in diesem Buch berechtigt nicht zu der Annahme, dass diese von jedermann frei benutzt werden dürfen. Vielmehr kann es sich auch dann um eingetragene Warenzeichen oder sonstige geschützte Kennzeichen handeln, wenn sie nicht eigens als solche gekennzeichnet sind.

Es konnten nicht alle Rechtsinhaber von Abbildungen ermittelt werden. Sollte dem Verlag gegenüber der Nachweis der Rechtsinhaberschaft geführt werden, wird das branchenübliche Honorar nachträglich gezahlt.

Dieses Werk enthält Hinweise/Links zu externen Websites Dritter, auf deren Inhalt der Verlag keinen Einfluss hat und die der Haftung der jeweiligen Seitenanbieter oder -betreiber unterliegen. Zum Zeitpunkt der Verlinkung wurden die externen Websites auf mögliche Rechtsverstöße überprüft und dabei keine Rechtsverletzung festgestellt. Ohne konkrete Hinweise auf eine solche Rechtsverletzung ist eine permanente inhaltliche Kontrolle der verlinkten Seiten nicht zumutbar. Sollten jedoch Rechtsverletzungen bekannt werden, werden die betroffenen externen Links soweit möglich unverzüglich entfernt.

Autorinnenfoto: Tim Noack

1. Auflage 2025

Alle Rechte vorbehalten
© W. Kohlhammer GmbH, Stuttgart
Gesamtherstellung: W. Kohlhammer GmbH, Heßbrühlstr. 69, 70565 Stuttgart
produktsicherheit@kohlhammer.de

Print:
ISBN 978-3-17-044785-1

E-Book-Formate:
pdf: ISBN 978-3-17-044786-8
epub: ISBN 978-3-17-044787-5

Geleitwort

Bei jeder Therapieentscheidung gehe es zuerst darum, die wohlverstandenen Interessen des einzelnen Patienten zu bedenken und Wege zu finden, *dem Patienten den Vorrang geben*, heißt es im Ethikhandbuch des Weltärztebundes (2005 by The World Medical Association). Anderen den Vorrang geben ist auch ein wichtiges Thema des Philosophen Emanuel Levinas, das von der amerikanischen Psychoanalytikerin Donna Orange für die Psychotherapie aufgegriffen wird. Levinas sprach von der Idee des »après vous«, also des »nach Ihnen«, wie man es zum Beispiel im Alltag sagt, wenn man jemandem den Vortritt lässt. Für Levinas und Orange ist dies eine Leit-Metapher für den Umgang miteinander, und bei Orange eben auch in der Psychotherapie; etwas, was meist vollkommen quer liegen kann, zu dem, was uns heute an manchen Orten empfohlen wird. Zum Glück gibt es jedoch einige Richtungen in der Psychotherapie, die sich diesem Grundsatz verpflichtet fühlen. So auch Silke Schwarz in ihrem Buch. Sie bezieht sehr klar Stellung und entwirft ein therapeutisches Panorama, das deutlich macht, dass Betroffene von Gewalt in Partnerschaften uneingeschränktes therapeutisches Mitgefühl und Unterstützung benötigen.

Sehr bedeutsam ist auch das Thema einer »kontextualisierten Traumaarbeit« will sagen, dass Traumatisierungen in einen gesellschaftlichen Kontext gestellt werden. So wird empfohlen, dass genderspezifische Gewalt als ein Symptom der Gesellschaft verstanden wird, in der ungleiche Machtverhältnisse als legitim angesehen werden. Die Empfehlung einer »kontextualisierten« Traumaarbeit wird hervorgehoben, sie sollte auf drei Ebenen stattfinden sollte, nämlich Beratungsarbeit, Arbeit mit Zusammenhangswissen – was ich hier betonen möchte – und Strukturarbeit. Ein anspruchsvoller und sehr sinnvoller Ansatz, der strittigen Paaren einiges abverlangt, was auf Dauer zu einem tieferen Verstehen von Partnerschaft in einem größeren Kontext beitragen kann. Silke Schwarz' Buch ist umfassend und bringt sehr vieles, was in anderen Büchern zum Thema oft zu wenig berücksichtigt wird. Wer auf dem Boden eines sehr breiten Wissens über individuelle aber vor allem auch gesellschaftliche Zusammenhänge im Kontext von Partnerschaftsproblemen Rat sucht, findet hier viel Nützliches und Fundiertes.

Luise Reddemann

Danksagung

Ich danke den betroffenen Frauen, die mit ihrer Offenheit und ihrem Mut engagiert und empathisch für die Belange von anderen Frauen eintreten und von denen ich so vieles gelernt habe.

Herzlichen Dank an Karin Wieners und Stefan Besteher sowie an Lena Plamp für die klugen und wertvollen Kommentare.

Und ich danke meiner wunderbaren Familie für ihre immerwährende Unterstützung und die Geduld, die es mir erst möglich machte, diesem Thema die notwendige Kraft und Aufmerksamkeit zu widmen.

Inhaltsverzeichnis

Geleitwort		5
Danksagung		7
Einführung		11
1	**Basisinformationen zu Gewalt in der Partnerschaft**	**15**
	1.1 Definitionen und Formen	15
	1.2 Prävalenzen	18
	1.3 Gesundheitliche Auswirkungen	21
2	**Psychotraumatologie und kontextualisierte Traumaarbeit**	**31**
	2.1 Psychotraumatologie und traumatherapeutische Ansätze	31
	2.2 Kontextualisierte Traumaarbeit	39
	2.3 Ableitungen für die psychotherapeutische Praxis	43
3	**Besonderheiten in der Diagnostik**	**48**
	3.1 Gewalt erkennen und enttabuisieren	48
	3.2 Gewalt besprechen	50
	3.3 Diagnostische Überlegungen	54
4	**Schutz und Sicherheitsaspekte**	**58**
	4.1 Gefährdungsrisiko erfassen	58
	4.2 Sicherheitsplan erstellen	63
	4.3 Besondere Risikosituationen	65
5	**Beziehungsgestaltung**	**68**
	5.1 Das Wissen um Bindungstypen	68
	5.2 Der Balanceakt zwischen Empathie und Distanz	70
	5.3 Warum eine Trennung so schwer ist	74
	5.4 Veränderungen verstehen und anstoßen	76
	5.5 Empowerment, Grenzen und Grenzverletzungen	81
	5.6 Empfehlungen aus Betroffenensicht	85

6	**Mitbetroffene Kinder**	**88**
6.1	Wie und wie häufig sind Kinder von Partnerschaftsgewalt mitbetroffen?	88
6.2	Welche Folgen hat die Partnerschaftsgewalt für die Kinder?	91
6.3	Doppelte Parteilichkeit	94
6.4	Was benötigen Mütter?	96
6.5	Was benötigen Kinder?	99
6.6	Abklärung des Kindeswohls im Rahmen der Therapie mit der Mutter	101
6.7	Familienrechtliche Verfahren	104

7	**Vernetztes Arbeiten**	**107**
7.1	Gesundheitsbereich	108
7.2	Polizei	111
7.3	Staatsanwaltschaft und Strafgerichte	112
7.4	Jugendhilfe	114
7.5	Familiengerichte	114
7.6	Gewaltschutzbereich	116
7.7	Rechtliche Hintergrundinformationen	119

8	**Ausblick**	**121**
8.1	Rechtliche Rahmenbedingungen	121
8.2	Qualitätssicherung	122
8.3	Kosten der Gewalt	122
8.4	Zusammenfassende Empfehlungen für die psychotherapeutische Praxis	123

Literatur ... **125**

Anhang ... **138**
Angebote für gewaltbetroffene Frauen ... 138
Fachgesellschaften und AWMF-Leitlinien ... 140
Angebote für mitbetroffene Kinder ... 141
Infomaterialien und Bücher zum Thema Kinder als Mitbetroffene von Partnerschaftsgewalt ... 142
Angebote für gewaltausübende Männer ... 142

Stichwortverzeichnis ... **145**

Einführung

»Femizid in Aachen
Mann erstach Ehefrau und dreifache Mutter vor Baumarkt – lebenslange Haft. […] Im Prozess sprach der Richter von einem ›unerträglichen Kontrollverhalten‹ und ›grenzenloser Wut‹.« (Spiegel, 18.12.2023)

Solche und ähnliche Schlagzeilen finden sich fast täglich in der Presse. Dahinter stecken oft Jahre von emotionaler, sexualisierter und körperlicher Gewalt, die Frauen und deren Kinder erleben müssen. Vielen Frauen fällt es schwer, sich zu trennen. Sie fühlen sich in einer ausweglosen Situation. Ähnlich geht es den Kindern als stummen Zeug*innen, als Mitbetroffene der Gewalt. Für Außenstehende ist es kaum nachvollziehbar, warum es so schwer ist, zu gehen.

Blickt man auf den Beginn der Beziehungen, so zeigen sich zwei Menschen, die wie jede*r andere auch, das tiefe Bedürfnis nach Liebe, Vertrauen und Partnerschaft haben, die sich gegenseitig umworben und auf ein glückliches Leben gehofft haben.

Demgegenüber steht die Realität, dass geschlechtsspezifische Gewalt allgegenwärtig ist und fest in unseren patriarchalen Strukturen verankert ist. In Deutschland ist jede dritte Frau mindestens einmal in ihrem Leben von physischer und/oder sexualisierter Gewalt betroffen. Das sind mehr als zwölf Millionen Frauen. Alle vier Minuten erlebt eine Frau in Deutschland Gewalt durch ihren Partner oder Ex-Partner. Jeden dritten Tag tötet ein Mann seine (Ex-)Partnerin. Mehr als die Hälfte aller Frauen meidet im Dunkeln bestimmte Orte und fühlt sich unsicher (UN Women, 2023). Häusliche Gewalt ist die Realität in vielen Haushalten.

Einerseits wurde noch nie so viel wie heute über Gewalt in der Öffentlichkeit gesprochen und dafür getan, um sie zu beenden. Gleichzeitig fehlt andererseits das Thema partnerschaftlicher Gewalt in der psychiatrischen und psychotherapeutischen Fachliteratur und der entsprechenden Versorgungsforschung. Insbesondere bei Gewalt in Partnerschaften fällt es schwer, genauer hinzusehen und angemessen zu reagieren. Die Gesellschaft würde am liebsten wegschauen und weiterhin an die Stereotype glauben, dass sich zwei Menschen kennen und lieben lernen und glücklich miteinander leben (Hirigoyen, 2008). Dieses Tabu und die damit verbundene Sprachlosigkeit zeigt sich darin, dass trotz der verheerenden gesundheitlichen Auswirkungen von Partnerschaftsgewalt auf Frauen, das Thema immer noch nicht ausreichender Bestandteil in den Ausbildungen bei Psychotherapeut*innen und in der Sozialen Arbeit ist. In einer Befragung von Psychotherapeut*innen gaben 57 % der Antwortenden an, keine oder wenige Inhalte zu der Thematik Gewalt gegen Frauen während der Ausbildung erhalten zu haben. 87 % der Antwortenden wünschten sich eine Fortbildung zu dem Thema (Kirchner, 2022).

Viele gewaltbetroffene Frauen mit komplexen Traumafolgestörungen berichten davon, dass sie keinen Platz bei einem*einer niedergelassenen Psychotherapeut*in erhalten. Sie werden unversorgt weggeschickt und mit ihrer Diagnose abgewiesen. Folgebelastungen und Chronifizierungen können entstehen. Studien belegen, dass – sofern Betroffene einen Therapieplatz finden – in weniger als der Hälfte der Fälle das traumatische Erlebnis angesprochen wird (Vogel, Steil, Comtesse, Eilers, Renneberg & Rosner, 2021). Praktische Erfahrung und Wissen, vor allem im Sinne einer Traumatherapieweiterbildung, wirken sich günstig auf eine positive Einstellung zur therapeutischen Arbeit mit traumatisierten Personen aus (Grossmann, Rosner & Barke, 2023).

Das vorliegende Buch ersetzt keine traumatherapeutische Weiterbildung und vermittelt keine traumafokussierten Techniken. Vielmehr gibt es einen praxisorientierten Ein- und Überblick in und über die typischen psychotherapeutischen Herausforderungen in der Arbeit mit Frauen, die Partnerschaftsgewalt erlebt haben beziehungsweise aktuell erleben. Es vermittelt Fachkenntnisse zu den Formen von Gewalt und den Folgen für die psychische Gesundheit, zur kontextualisierten Traumaarbeit, zu Genderaspekten in der Psychotherapie und zu feministischer Psychotherapie. Das Buch wendet sich an praktizierende Therapeut*innen und Berater*innen sowie an Studierende. Es plädiert dafür, gewaltbetroffene Frauen ernst zu nehmen und als Expert*innen aus Erfahrung zu begreifen und soll dazu ermutigen, gemeinsame Wege zur Genesung zu finden.

Im ersten Kapitel werden Informationen bereitgestellt zu den Themen, was häusliche beziehungsweise Partnerschaftsgewalt ist und wer davon wie betroffen ist. Die Formen von Partnerschaftsgewalt werden dargestellt und Zahlen berichtet, wie häufig Partnerschaftsgewalt in unserer Gesellschaft vorkommt. Schließlich werden die verheerenden und vielfältigen gesundheitlichen Auswirkungen aufgezeigt, die verdeutlichen, warum Partnerschaftsgewalt in der psychotherapeutischen und psychosozialen Praxis eine so zentrale Rolle spielt.

Im zweiten Kapitel werden die Geschichte und die typischen Ansätze der Psychotraumatologie nachgezeichnet. Die Prinzipien der Neutralität und Abstinenz in der Psychotherapie, das Gebot sich politisch neutral zu positionieren, wird in der Arbeit mit gewaltbetroffenen Frauen hinterfragt. Im Gegenteil wird in diesem Kapitel die Notwendigkeit für einen kontextualisierten Ansatz in der Arbeit mit betroffenen Frauen und deren Kindern herausgearbeitet in Anlehnung an eine feministische Psychotherapie. Es wird verdeutlicht, warum die Berücksichtigung von Genderaspekten in der Therapie und ein gewaltinformiertes Vorgehen erforderlich sind.

Im dritten Kapitel geht es um die Frage, wie das Unaussprechliche besprechbar gemacht werden kann. Konkrete Formulierungshilfen für das Fragen nach Gewalt werden gegeben und diagnostische Überlegungen dazu angestellt, was bei andauernder Partnerschaftsgewalt zu berücksichtigen ist.

Im vierten Kapitel wird erklärt, wie die Themen Schutz und Sicherheit im Rahmen einer Psychotherapie Beachtung finden können. Konkrete Hilfen und Checklisten für die Einschätzung des Gefährdungsrisikos werden vorgestellt. Zudem sind Anleitungen zur Erstellung eines Sicherheitsplan enthalten.

Im fünften Kapitel werden die Besonderheiten diskutiert, die sich in der Arbeit mit gewaltbetroffenen Frauen ergeben, wenn eine vertrauensvolle und sichere therapeutische Beziehung aufgebaut werden soll. Die Bedürfnisse, Wünsche und Sichtweisen von gewaltbetroffenen Frauen werden dargestellt. Es wird erläutert, warum vielen Frauen eine Trennung vom gewalttätigen Partner so schwerfällt und wie Therapeut*innen und Berater*innen diese Ambivalenzen (aus-)halten können. Das transtheoretische Modell der Veränderung wird genutzt, um zu erklären, inwiefern sich betroffene Frauen in unterschiedlichen Stadien der Auseinandersetzung mit der Gewalt befinden und auch dementsprechend unterschiedlich auf Interventionen ansprechen können. Wie können maximale Transparenz und Kontrolle als zwei zentrale Themen für Frauen, deren Grenzen permanent in sozialen Beziehungen verletzt wurden, in der Therapie und Beratung hergestellt werden? Es wird dafür plädiert, die eigene therapeutische Praxis und den Umgang mit Grenzen sowie Grenzverletzungen kritisch zu reflektieren, um sich an ein möglichst egalitäres Verhältnis in der Therapie beziehungsweise Beratung schrittweise annähern zu können.

Das sechste Kapitel widmet sich den Kindern als Mitbetroffenen von Gewalt. Es wird dargestellt, wie und wie häufig die Kinder betroffen sind und welche Folgen die Gewalt für ihr Leben haben kann. In der Bemühung sowohl den Bedürfnissen der Frauen, eine gute Mutter zu sein, als auch den Bedürfnissen der Kinder, ein sicheres und förderndes Zuhause zu haben, gerecht zu werden, wird der Begriff der doppelten Parteilichkeit (Runder Tisch Berlin (RTB), 2023) eingeführt. Anhand konkreter Beispiele wird aufgezeigt, wie sowohl den Kindern als auch den Müttern in der therapeutischen beziehungsweise psychosozialen Praxis begegnet werden kann. Neben Formulierungshilfen für eine Sicherheitsplanung mit dem Kind werden auch Aspekte zur Abklärung einer Kindeswohlgefährdung beleuchtet. Schließlich werden Informationen zu Sorge- und Umgangsrecht bereitgestellt sowie dazu, welche Rolle Psychotherapeut*innen im Rahmen von familienrechtlichen Verfahren einnehmen können.

Das siebte Kapitel informiert über die verschiedenen Versorgungsbereiche, die für eine gelingende Unterstützung gewaltbetroffener Frauen mit und ohne Kinder nötig sind, und stellt die Arbeitsweisen, Aufgaben und Befugnisse von Gesundheitsbereich, Staatsanwaltschaft und Strafgerichten, Jugendhilfe, Familiengerichten sowie dem Gewaltschutzbereich in aller Kürze dar.

Im achten Kapitel wird ein zusammenfassender Ausblick gegeben und Empfehlungen für eine verbesserte psychotherapeutische und psychosoziale Praxis formuliert.

Im Anhang werden bundesweite Unterstützungsangebote für gewaltbetroffene Frauen und Kinder sowie für gewaltausübende Männer überblicksartig dargestellt.

1 Basisinformationen zu Gewalt in der Partnerschaft

»Ich hatte das Gefühl, dass ich alles dafür tun müsste, damit es wieder gut wird, wir wieder so glücklich sind wie am Anfang unserer Beziehung. Dass ich es war, die nicht OK ist, und schuld daran bin, dass er mich anschreit und kontrolliert. ... Er hat zu mir gesagt, dass meine Familie, meine Freunde, nicht gut sind für mich. Ich hab doch jetzt ihn. Ob er mir nicht ausreicht? ...« (anonymisiertes Zitat einer gewaltbetroffenen Frau).

Was genau ist häusliche Gewalt und wer ist wie davon betroffen? Welche Formen kann Gewalt in Partnerschaften annehmen? Wie häufig kommt Partnerschaftsgewalt vor? Und welche Auswirkungen hat diese Form von Gewalt auf unsere Gesundheit? Diese Fragen werden in dem vorliegenden Kapitel nacheinander beantwortet.

1.1 Definitionen und Formen

Der Begriff *häusliche Gewalt* umfasst »alle Handlungen körperlicher, sexueller, psychischer oder wirtschaftlicher Gewalt, die innerhalb der Familie oder des Haushalts oder zwischen früheren oder derzeitigen Eheleuten oder Partnerinnen beziehungsweise Partnern vorkommen, unabhängig davon, ob der Täter beziehungsweise die Täterin denselben Wohnsitz wie das Opfer hat oder hatte« (Europarat, 2011, S. 5).

Häusliche Gewalt kann viele Gesichter annehmen und jede im Haushalt lebende Person betreffen: egal, ob Cis-Frauen oder -Männer, Kinder, Ältere, TIN* Personen (transidente/transgeschlechtliche, intergeschlechtliche oder nichtbinäre Personen) oder BIPoC (Black Indigenous People of Color).

Häusliche Gewalt kann grob in zwei Gruppen eingeteilt werden:

- Die eine bezeichnet Partnerschaftsgewalt, wonach Täter*in und Betroffene*r in einem *partnerschaftlichen* Verhältnis zueinanderstehen. Hierzu zählt auch Gewalt in jugendlichen Paarbeziehungen, was oft unter dem Begriff *dating violence* gefasst wird.
- Die andere Gruppe bezeichnet *innerfamiliäre Gewalt*, wonach Täter*in und Betroffene*r in einem *verwandtschaftlichen* Verhältnis zueinanderstehen. Sie kann sich darin äußern, dass (Adoptiv-, Stief- oder Pflege-)Kinder ihren Eltern (oder Groß- oder Urgroßeltern) gegenüber gewalttätig sind oder umgekehrt, dass Eltern

ihre Kinder misshandeln. Häusliche Gewalt kann auch bedeuten, dass Geschwisterkinder untereinander Gewalt anwenden (vgl. Bundeskriminalamt, 2023; Kinderschutz Schweiz, 2020).

Die *Konvention zur Verhütung und Bekämpfung von Gewalt gegen Frauen und häuslicher Gewalt* (Istanbul-Konvention) unterscheidet vier grundlegende Formen von Gewalt: die körperliche, psychische, sexuelle und wirtschaftliche Gewalt (Europarat, 2011). Sie unterscheidet auch weitere spezifische Formen von Gewalt, wie Zwangsheirat (Art. 37 Istanbul-Konvention), Zwangsabtreibung und Zwangssterilisierung (Art. 39 Istanbul-Konvention) und die Verstümmelung weiblicher Genitalien (Art. 38 Istanbul-Konvention).

> »Ich hatte seine Faust im Gesicht. Nach außen hin war er der ›nice guy‹. Zuhause… war ich der Depp, konnte nichts richtig machen und war an allem, wirklich an allem schuld, auch daran, dass er mich schlug« (anonymisiertes Zitat einer gewaltbetroffenen Frau).

Die meisten denken bei Gewalt an Schläge, an Tritte, an Schubsen, Schütteln, Stoßen, Festhalten, Ohrfeigen, Beißen, Kratzen oder Würgen, an Formen von körperlicher Gewalt, die meist sichtbare Folgen nach sich ziehen. Gewalt kann auch bedeuten, zu sexuellen Handlungen gezwungen oder vergewaltigt zu werden. Oder dazu gezwungen zu werden, zu arbeiten, oder umgekehrt, nicht zu arbeiten, obwohl man arbeiten möchte. Gewalt kann bedeuten, dass man nicht die Kontrolle über den eigenen Lohn und die Finanzen hat.

Und Gewalt kann auch bedeuten, dass jemand bedroht, eingeschüchtert, beleidigt, bloßgestellt oder erniedrigt wird. Seelische, auf emotionaler Ebene ausgeübte Gewalt ist schwerer zu identifizieren. Sie ist daher seltener Gegenstand von Forschung und öffentlicher Diskussion. Die Narben, die durch emotionale Gewalt entstehen, sind meist schwerer zu heilen als bei physischen Übergriffen. Emotionale Gewalt ist mit der größte Prädiktor für körperliche Gewalt. Wenn eine Frau körperlich verletzt wurde, wurde sie meist auch psychisch verletzt. Umgekehrt muss das nicht unbedingt zutreffen.

Das Spektrum psychischer Gewalthandlungen kann sehr umfangreich sein (vgl. McEvoy & Ziegler, 2006). Auf der verbalen Ebene kann psychische Gewalt bedeuten:

- dass ihr gesagt wird, sie sei dumm, fett, hässlich oder sie anderweitig beschimpft wird
- dass ihr erzählt wird, dass niemand anderes sie haben wolle
- dass sie es nicht ohne ihn schaffen würde
- dass er sie rassistisch beleidigt
- dass ihr Glauben kritisiert wird
- dass er mit ihr für längere Zeiträume nicht spricht
- dass er ihr erzählt, dass sie an allen Beziehungsproblemen schuld sei

Emotionale Gewalt kann bedeuten, dass die betroffene Frau isoliert wird:

- dass er ihr Untreue vorwirft, wenn sie mit einem anderen Mann spricht
- dass er ihr vorwirft, lesbisch zu sein, wenn sie Freundinnen hat
- dass er kontrolliert, wo sie mit wem war und worüber sie geredet haben
- dass er sie davon abhält, ihre Glaubensgemeinschaft zu besuchen
- dass er ihr verbietet, dass sie zur Schule oder zur Arbeit geht oder etwas alleine unternimmt

Emotionale Gewalt kann sich als Drohung darstellen:

- als Drohung, dass er sich etwas antut
- als Drohung, dass er es nicht ohne sie schafft
- als Drohung, dass er ihr die Kinder wegnimmt beziehungsweise sie sie nie wieder sehen wird
- als Drohung, dass er ihr etwas antut, ihren Kindern, Freund*innen, Familienmitgliedern oder Haustieren

Emotionale Gewalt kann in Form von Einschüchterungen stattfinden:

- indem er Gegenstände zerstört, die ihr wichtig sind
- indem er Türen zuknallt, gegen die Wand schlägt, Telefonkabel herausreißt
- indem er sie entweder anschreit oder ihr verbietet zu sprechen
- bei einer tauben oder taubstummen Person: indem er ihre Hände festhält, so dass sie nicht kommunizieren kann

> »Am Anfang war alles perfekt, wir waren Seelenverwandte, sind zusammengezogen. Unser Glück war perfekt. Dann wollte er immer öfter wissen, wo ich war, mit wem ich mich über was unterhalten habe, war um mich besorgt, hat mich zur Arbeit oder zu Treffen mit Freundinnen gefahren« (anonymisiertes Zitat einer gewaltbetroffenen Frau).

> Es ist wichtig, alle Gewaltformen gleichermaßen zu berücksichtigen und nicht nur von körperlicher und schwerer Gewalt auszugehen. Sonst besteht das Risiko, Gewalt und deren Folgen zu unterschätzen (Bogat et al., 2013).

Bei sexualisierter Gewalt sollten auch *weichere* Formen berücksichtigt werden: emotionale Erpressung (»Wenn du mich liebst, machst du das, was mir sexuell gefällt«), Manipulation und das Überreden zu Praktiken, die sie eigentlich ablehnt, bis hin zum Weitermachen trotz eines Neins im Sinne einer Vergewaltigung.

Zunehmend wird auch digitale oder smarte Gewalt berücksichtigt. Hierzu zählen Beleidigungen oder das Zusenden ungewollter pornographischer Abbildungen. Aber auch das Überwachen und Ausspionieren, ständig angerufen zu werden, die Kontrolle, mit wem telefoniert oder geschrieben wurde, bis hin zu digitaler Überwachung der Wohnräume und Kontrolle der Smart Home-Geräte.

Stalking, das beharrliche und unbefugte Nachstellen einer Person, ist eine weitere Gewaltform. Es umfasst Verhaltensweisen wie wiederholt jemanden anzurufen oder

Geschenke zu machen, jemanden zu verfolgen oder zu beobachten, Eigentum zu zerstören, Fotos oder andere persönliche Informationen im Internet zu posten und Bedrohungen.

In der Gewaltprävention und -forschung werden meist zwei Grundmuster von Gewalt unterschieden, die im Kontext von heterosexuellen Beziehungen entwickelt wurden (vgl. Johnson 2005, 2008): Situative Gewalt beziehungsweise spontanes Konfliktverhalten und systematische Gewalt und Kontrollverhalten.

- Situative Gewalt kann einmalig oder regelmäßig bei partnerschaftlichen Konflikten auftreten. Kennzeichnend ist, dass sowohl Frauen wie auch Männer Gewalt ausüben, um innere Spannungen abzubauen und um Konflikte zu lösen. Auch wenn ca. ein Drittel von Paaren situative Gewalt anwendet und diese sowohl von Männern wie auch von Frauen ausgeübt wird, sind die Konsequenzen der Gewalt für Frauen schwerer (in Form von körperlichen Verletzungen, Angst und anderen psychischen Belastungen; vgl. Bogat, Garcia & Levendosky, 2013).
- Systematische Gewalt und Kontrollverhalten hingegen sind gekennzeichnet durch ein ungleiches Beziehungsverhältnis, durch ein System von Kontrolle und von Macht, durch Missbrauch und Entwürdigung. Sie geht in heterosexuellen Beziehungen meist von dem Mann aus. Die Verhaltensweisen zielen darauf ab, den Selbstwert einer Person, ihr Selbstwertgefühl und ihre Handlungsfähigkeit zu beschränken und einzuengen.

> Das vorliegende Buch behandelt die Besonderheiten von partnerschaftlicher Gewalt in heterosexuellen Beziehungen im Sinne von systematischer Gewalt und Kontrollverhalten.

1.2 Prävalenzen

»Jede Stunde werden mehr als 14 Frauen Opfer von Partnerschaftsgewalt. Beinahe jeden Tag versucht ein Partner oder Expartner eine Frau zu töten« (Bundesfrauenministerin Lisa Paus, Bundesministerium für Familie, Senioren, Frauen und Jugend, 2023).

Die Zahlen, auf die sich die Bundesfrauenministerin Lisa Paus bezieht, stammen aus dem sogenannten *Lagebild Häusliche Gewalt* des Bundeskriminalamtes. Es erscheint seit 2015 jährlich und erfasst sowohl innerfamiliäre als auch Partnerschaftsgewalt. Abgebildet wird das sogenannte Hellfeld, also die Fälle, die polizeilich bekannt sind. Demnach wurden 2022 insgesamt 157.818 Fälle von Partnerschaftsgewalt gemeldet, in vier von fünf Fällen ist nach polizeilicher Kriminalstatistik eine Frau betroffen (Bundeskriminalamt, 2023, S. 6).

Inwiefern sind Männer und Frauen unterschiedlich von Partnerschaftsgewalt betroffen?

Körperliche Gewalt widerfährt Männern im Erwachsenenalter am häufigsten in der Öffentlichkeit. Frauen erfahren Gewalt zu 71% in der eigenen Wohnung. Die Täter sind in beiden Fällen überwiegend Männer (Jungnitz, Lenz, Puchert, Puhe & Walter, 2007; Schröttle & Müller, 2004). Laut der Studie von Jungnitz et al. (2007), in der heterosexuelle Männer befragt wurden, erlebt jeder vierte Mann körperliche und/oder sexualisierte Gewalt durch die Partnerin. Männer sind allerdings weniger von schwerer und systematischer wiederholter Partnerschaftsgewalt in heterosexuellen Paarbeziehungen betroffen (Schröttle, 2010). Partnerschaftsgewalt gegen Männer findet häufiger in Wechselseitigkeit und mit Gegenwehr statt (GiG-net, 2008). Insgesamt erleiden Männer im Vergleich zu Frauen viel weniger sexualisierte Gewalt, weniger schwere und systematische Gewalt und weniger Verletzungsfolgen. Sie werden zudem weniger oft getötet (19 Männer im Vergleich zu 133 Frauen, Bundeskriminalamt, 2023).

> Das vorliegende Buch fokussiert auf Partnerschaftsgewalt, die von Männern ausgeht und sich gegen Frauen richtet. Das heißt nicht, dass Partnerschaftsgewalt gegen Männer nicht ebenso ein relevantes Thema in der Psychotherapie sein kann.
>
> Um die patriarchalen Strukturen abzubilden, die sich in Gewalt gegen Frauen äußern, wird im Folgenden vereinfachend von Männern als gewaltausübender Person und von Frauen als gewalterlebender Person gesprochen.
>
> Wenn es um Gewalt gegen Frauen geht, sind Frauen nicht im ausschließlich zweigeschlechtlichen Sinn gemeint. Es betrifft Cis-Frauen, Trans-Frauen und sich nicht als binär verstehende Personen. Gewalt gegen Frauen wendet sich gegen alle, die als Frauen wahrgenommen werden und gegen diejenigen, die diese zweigeschlechtliche Ordnung stören, auch wenn das vorliegende Buch die Lebens- und Erfahrungswelten weder von TIN* Personen (transidente/transgeschlechtliche, intergeschlechtliche oder nichtbinäre Personen) noch von BIPoC (Black Indigenous People of Color) ausreichend spezifisch behandelt.

Dunkel- und Hellfeld

Die Mehrzahl der Fälle von Gewalt gelangt nicht in die polizeiliche Anzeigestatistik. Nur 11–13% der gewaltbetroffenen Personen haben die Polizei eingeschaltet. Nur ca. 40% haben sich jemals einer anderen Person anvertraut, zumeist Freund*innen oder Eltern (Schröttle & Müller, 2004; Schröttle & Glade, 2020). Insofern ist das sogenannte Dunkelfeld weitaus höher. Um repräsentative Daten zur Gewaltbetroffenheit von Frauen sowie zur Gewaltbetroffenheit von Männern zu erhalten, wird aktuell die Befragung *Lebenssituation, Sicherheit und Belastung im Alltag* (LeSuBiA) durchgeführt – unter Beteiligung des Bundesministeriums für Familie, Senioren, Frauen und Jugend, des Bundesministeriums des Innern und für Heimat und des Bundeskriminalamts. Erste Ergebnisse werden 2025 erwartet (Bundeskriminalamt, o. J.).

Die nachfolgenden Zahlen beziehen sich vorwiegend auf repräsentative Untersuchungen aus den Jahren 2004 (Schröttle & Müller) und 2014 (FRA), da bislang keine aktuelleren Daten vorliegen:

Jede vierte Frau (22–25 %) hat mindestens einmal in ihrem Leben körperliche und/oder sexualisierte Gewalt durch ihren Partner oder Expartner erlebt. Jede siebte Frau (12–13 %) gibt an, Gewalt nach dem 16. Lebensjahr erlebt zu haben. Frauen mit Behinderung sind je nach Beeinträchtigung und Gewaltform zwei- bis viermal häufiger von Gewalt betroffen (Schröttle et al., 2012). 58 % oder zwei von drei Frauen erleben sexuelle Belästigung, 24 % berichten von Stalking (Schröttle & Müller, 2004). Laut Bundeskriminalamt (2023) waren 24,2, % der erfassten Straftaten der Kategorie Bedrohung, Stalking und Nötigung zuzurechnen, mehrheitlich begangen von ehemaligen Partnern. 42 % der Frauen in der repräsentativen Untersuchung geben an, psychische Gewalt erlebt zu haben (Schröttle & Müller, 2004).

Bislang existieren keine validen Daten zu Häufigkeiten digitaler Gewalt in Deutschland (Oygen & Landefeld, 2022). Zahlen aus England belegen, dass digitale Gewalt und Partnerschaftsgewalt häufig Hand in Hand gehen. Women's Aid (2014) befragte 307 Frauen, die von häuslicher Gewalt betroffen waren: 45 % dieser Frauen gaben an, auch digitale Formen von Gewalt während der Partnerschaft erlebt zu haben. 48 % berichteten, dass diese digitale Gewalt auch nach der Trennung fortbestand und 38 % waren von Online-Stalking nach der Trennung betroffen.

Betrachtet man sexualisierte Gewalt und sexuellen Missbrauch in der Kindheit und Jugend, so ist das Risiko, im Alter von 16 bis 24 Jahren Opfer von sexualisierter Gewalt zu werden, viermal höher als in jeder anderen Altersgruppe (Rickert, Sanghvi & Wiemann, 2002). Meist sind die Täter die Partner oder Familienangehörige. Laut der Studie von Stadler, Birnneck & Pfeiffer (2012) wird jedes 13. bis 14. Mädchen und jeder 67. Junge in Deutschland bis zum 16. Lebensjahr sexuell missbraucht, wobei die Mehrheit der Täter männlich (vermutete 20 % Frauen) ist, meist Familienmitglieder oder anderweitig bekannte Personen wie Nachbar*in oder Mitarbeitende in Institutionen, die von den Kindern/Jugendlichen besucht werden.

> Wird Betroffenen vermittelt, wie viele Frauen in unserer Gesellschaft betroffen sind, kann dies entlastend wirken. Sie fühlen sich nicht mehr alleine, Gewaltbetroffenheit wird zunehmend normalisiert und besprechbar gemacht.
>
> Abschließend noch der Hinweis, dass Partnerschaftsgewalt in allen Gesellschaftsschichten, in allen Religionen, bei jedem Bildungsstand, mit und ohne Migrationshintergrund und in jeder Altersstufe vorkommt (FRA, 2014; Schröttle, 2010).

1.3 Gesundheitliche Auswirkungen

Gewalt kann schwerwiegende Auswirkungen auf die Gesundheit der Betroffenen haben. In diesem Abschnitt werden die körperlichen, neurobiologischen sowie psychosozialen Folgen von Gewalt beschrieben. Werden die Beschwerden nicht mit der erlebten Gewalt in Verbindung gebracht, kann es zu falschen Diagnosen und Behandlungen kommen, die wiederum gravierende gesundheitsschädigende Auswirkungen für die Betroffenen haben und Chronifizierungen bewirken können (Schwarz, 2022a).

> »Ich, Alice Marie, bin 64 Jahre alt, vital und sportlich, Mutter von zwei Kindern (Sohn 42 J./ Tochter 35 J.) und seit Kurzem Oma von zwei kleinen Enkelinnen. In meiner Kindheit habe ich Missbrauch in meiner Adoptivfamilie erlebt. Mit 19 Jahren verliebte ich mich ›Hals über Kopf‹ in einen Mann, der meine große Liebe und Vater meines Sohnes wurde. Die Beziehung war geprägt von Schlägen, Drohungen, Demütigungen, Kontrolle, Weglaufen und immer wieder Zurückkehren. Sie dauerte über fünf Jahre. Während dieser Zeit erkrankte ich am Pfeifferschen Drüsenfieber, einer Lungenentzündung und einer schweren chronischen Nasennebenhöhlen- und Kieferentzündung. Ich fühlte mich permanent erschöpft, immer wieder begleitet von Augenblicken, in denen ich Todesangst hatte. Ich litt unter Depressionen. Trotzdem funktionierte ich im Außen. Nach der Trennung, die ich nur schaffte, indem ich mit meinem Sohn in eine andere Stadt zog, machte ich beruflich Karriere. Ich überforderte mich permanent, lief u. a. Marathon. Meine Gefühle hatte ich komplett abgespalten, mein Überlebenscredo lautete: ›Eine Indianerin kennt keinen Schmerz.‹ Ich bekam drei Hörstürze, zwei Bandscheibenvorfälle, hatte einen schweren Fahrradunfall und eine Erschöpfung, die einen Klinikaufenthalt notwendig machte. Mit 45 Jahren begann ich während einer Depression, die mir nicht bewusst war, meine erste Therapie. In diesem Jahr, mit 64 Jahren, habe ich eine Traumatherapie begonnen, weil ich endlich den Mut und auch die Kraft dafür habe. Weil ich kein Opfer mehr sein will, sondern eine gesunde, kraftvolle, selbstbestimmte und innerlich freie Frau« (Torenz, 2022, S. 2, E-Learning Gewaltschutz. Schutz und Hilfe bei häuslicher Gewalt, https://haeuslichegewalt.elearning-gewaltschutz.de/).

> Das Wissen um die Auswirkungen von Gewalt kann dabei unterstützen, einen Zusammenhang zwischen den aktuellen Beschwerden und dem Vorliegen von Gewalt herstellen zu können und damit ansprechbar zu machen. Die Erklärung, dass die aktuellen Beschwerden eine normale beziehungsweise typische Folge von Gewalt sein können, entlastet viele Betroffene.

Welche Auswirkungen hat Gewalt auf die körperliche Gesundheit?

Die fatalste Folge von Gewalt ist die Tötung, ein Femizid, die Ermordung einer Frau aufgrund ihres Geschlechts. In Deutschland stirbt jeden dritten Tag eine Frau durch die Hände ihres Partners oder Expartners und das sind lediglich die Zahlen des Hellfeldes (133 Frauen wurden 2022 Opfer von Partnerschaftsgewalt mit tödlichem Ausgang, vgl. Bundeskriminalamt, 2023).

42 % der Frauen, die von Partnerschaftsgewalt betroffen sind, haben gewaltbedingte körperliche Verletzungen. Das Risiko einer Verletzung ist für sie im Vergleich zu Frauen, die nicht in einer gewalttätigen Beziehung leben, dreifach erhöht (WHO, 2013b).

Zu den akuten Verletzungsfolgen zählen blaue Flecken und Prellungen, Schmerzen am Körper, offene Wunden, Unterleibsschmerzen, Verstauchungen und Zerrungen, Kopfverletzungen, Gehirnerschütterungen und Hirnverletzungen, vaginale Verletzungen, Knochenbrüche und innere Verletzungen. Bestimmte Körperstellen sind dabei besonders häufig von Verletzungen betroffen: Kopf und Gesicht, Unterarme und Hände, Nacken und Rücken, Bauch und Brust, Genital- und Analbereich.

Bleibt eine zeitnahe und adäquate Versorgung aus, können sich längerfristige chronische Beeinträchtigungen und Funktionseinschränkungen entwickeln.

Ein andauerndes Leben in Angst und unter Hochspannung hat Folgen für die inneren Organe. Asthma, Herz-Kreislaufprobleme (unter anderen Palpitationen, Bluthochdruck, Schlaganfall), Magen-Darm-Störungen (zum Beispiel Magengeschwüre, Bauchschmerzen, Verdauungsprobleme, Reizdarmsyndrom), Diabetes und Fettstoffwechselstörungen können entstehen. Frauen, die schwere psychische Gewalt erleben, haben eine um 24 % erhöhte Rate von Bluthochdruck im Vergleich zu Frauen ohne Gewalt. Das Risiko für eine Herzkreislauferkrankung kann um das 5,28-fache erhöht sein für Frauen mit Partnerschaftsgewalt.

Auch das urogenitale System ist betroffen: Schmerzen im Unterleib, bei der vaginalen Penetration und während der Menstruation, Harnwegsinfektionen, Inkontinenz, sexuell übertragbare Infektionen (einschließlich HIV), entzündliche Erkrankungen des Beckens, Gebärmutterhalskrebs sowie Wechseljahresbeschwerden werden berichtet. Häufig erleben betroffene Frauen auch chronische Schmerzen im Kopf-, Gesichts-, Rücken- und Beckenbereich, sowie Fibromyalgie und muskuloskelettale sowie Gelenkbeschwerden.

Gewalttaten vor und während der Schwangerschaft schädigen die körperliche und psychische Gesundheit von Frauen und sie können Komplikationen im Schwangerschafts- und Geburtsverlauf verursachen. Diese umfassen: Frühgeburt, Fehl- oder Totgeburt, frühzeitiger Blasensprung, Blutungen, Verletzung des Fötus, niedriges Geburtsgewicht, Hypertension und Präeklampsie. Auch der Konsum von Zigaretten, Alkohol und Drogen als gesundheitsgefährdende (Überlebens-)Strategien bei Gewalt können zu Komplikationen während der Schwangerschaft führen. Partnerschaftsgewalt kann peri- und postnatale Depression oder Ängste befördern und im Zusammenhang mit unbeabsichtigten Schwangerschaften und Abbrüchen stehen.

Im Bereich der Sexualität werden sexuelle Funktionsstörungen berichtet, unsicheres oder riskantes Sexualverhalten, Schwierigkeiten, den Gebrauch von Verhütungsmitteln mit dem Partner zu verhandeln und häufig wechselnde Sexualpartner (vgl. White et al., 2023; Brzank, 2022; Schröttle & Glade, 2020; Büttner, 2020; Hornberg, Schröttle, Khelaifat, Pauli & Bohne, 2008; Hellbernd, Brzank, Wieners & Maschewsky-Schneider, 2004).

In der Literatur werden auch gesundheitsgefährdende (Überlebens-)Strategien als Folgen der Gewalt aufgeführt wie beispielsweise Rauchen, Alkohol- und Drogengebrauch, risikoreiches Sexualverhalten und selbstverletzendes Verhalten (vgl. Hellbernd et al., 2004). Diese Strategien können wiederum das Risiko für Folgeerkrankungen und für eine erneute Viktimisierung erhöhen.

Eine frühe Traumatisierung sowie das Vollbild einer Posttraumatischen Belastungsstörung (PTBS) wurde in verschiedenen Studien in Zusammenhang gesehen mit dem vermehrten Auftreten körperlicher Erkrankungen bis hin zu erhöhter Mortalität. Eine PTBS stand in Zusammenhang mit einer erhöhten Prävalenz von und erhöhter Mortalität bei Herz-Kreislauf-Erkrankungen sowie mit einer erhöhten Mortalität nach Herztransplantationen. Weitere Folgen können Typ-2-Diabetes, COPD (chronic-obstructive pulmonary disease), Rachen- und Lungenkrebs oder Hepatitis C sein. Eine andauernde Aktivierung des Stresssystems, ein ungünstiges Gesundheitsverhalten, eine schlechtere Fähigkeit zur Selbstfürsorge bis hin zu Autoaggressionen werden als Ursachen hierfür gesehen (vgl. Köllner, 2018).

Welche neurobiologischen Auswirkungen von Gewalterfahrungen sind bekannt?

Während und nach einer traumatischen Erfahrung sind neurobiologische Kompensationsprozesse aktiv und führen mit neuroplastischen Veränderungen zu einer Traumafolgesymptomatik (vgl. Menne & Frommberger, 2018). Eine dopamin- und überraschungsgetriggerte vermehrte kortikale Verarbeitungsaktivität führt dazu, dass Gefühle weggedrückt werden, es schwieriger ist, sich zu konzentrieren, die Aufmerksamkeit zu halten und sich zu etwas zu motivieren. Die Amygdala wird aktiviert. Sie spielt eine zentrale Rolle bei der unbewussten Gefahrenwahrnehmung und löst eine Furchtbewältigungsreaktion aus. Ist die Stressreaktion zu intensiv und zu lange andauernd, wird der Hippocampus beeinträchtigt. Es funktioniert nicht mehr so gut, Erinnerungen im Gedächtnis abzuspeichern. Es entstehen sogenannte *traumatische* Erinnerungen, die nicht ins deklarative Gedächtnis abgespeichert werden können.

Das deklarative Gedächtnis besteht aus Wissen um Daten, Fakten und Ereignissen. Das prozedurale Gedächtnis hingegen speichert episodische Erinnerungen kontextabhängig in tieferliegenden Hirnstrukturen ab und ist für Konditionierungen, Wiedererkennen, Sensibilisierung und Gewöhnung zuständig. Bei traumatischen Erinnerungen ist das Zusammenspiel dieser beiden Gedächtnisse gestört.

Traumatische Erinnerungen bleiben ohne Kontext, desorganisiert und fragmentiert. Sie können leicht durch Trigger, das heißt durch ereignisähnliche Auslöser, aktiviert werden und führen durch unkontrollierbare Flashbacks zu Überflutungserleben und Vermeidungsverhalten. Durch das ständige Wiedererleben werden die traumatischen Erinnerungen zugleich stabilisiert, die traumatischen Symptome verfestigen sich. Durch eine aktivierte Stressachse werden Katecholamine, Kortisol und körpereigene Endorphine freigesetzt. Der Organismus ist wachsamer, erregter, Hunger und Sexualität hingegen werden unterdrückt. Ist die Stressachse dauerhaft aktiviert, ist das Erregungsniveau auch in Ruhesituationen erhöht. Es kommt zu erhöhter Schreckhaftigkeit, Konzentrationsschwierigkeiten, vermehrter Reizbarkeit, Affekttoleranz und Schlafstörungen. Durch eine Entgleisung von Hormonen und Neurotransmittern wie Noradrenalin und Kortisol funktioniert die Stressregulation nicht mehr. Folge sind oben genannte Gedächtnisprobleme, die bis zu einer teilweisen oder vollständigen Amnesie bei gleichzeitig unwillkürlich ausgelösten Flashbacks reichen können. Durch die erhöhte Freisetzung von β-Endorphinen werden Schmerzen unterdrückt. Gleichzeitig tragen sie zu dissoziativen Phänomenen während des Traumas und zu Amnesien nach dem Trauma bei. Sind auf der Verhaltensebene weder Flucht noch Kampf möglich, da die Traumatisierung durch Bezugspersonen ausgeht beziehungsweise aufgrund der Übermächtigkeit des Täters, sind Hilflosigkeit und Ohnmachtserleben vorherrschend, die zur dissoziativen Erstarrung (*freeze*) führen können bis hin zur Bewusstlosigkeit.

Welche sozialen und sozioökonomischen Auswirkungen hat Gewalt für Betroffene?

Gesundheit wird u. a. auch durch sozioökonomische Faktoren beeinflusst. Soziale Anbindungen wirken sich psychisch stabilisierend aus (▶ Kap. 3.3). Frauen, die sowohl in der Kindheit als auch im Erwachsenenalter Gewalt erlebt haben, sind jedoch stärker sozial isoliert und benennen häufiger Probleme in ihren sozialen Beziehungen (de Andrade & Gahleitner, 2022). Das kann verschiedene Gründe haben.

> »Mein Exfreund hat mich mit seiner Eifersucht verändert. Ich hab mich mit niemanden mehr getraut zu reden. Er hat geglaubt, alle wollten nur das eine von mir. Anschuldigungen, Verdächtigungen ohne Grund. Schleichend hat er mich zerstört, mit seinen Eifersuchtsdramen ohne Ende« (anonymisiertes Zitat einer gewaltbetroffenen Frau).

Aufgrund der Gewaltbetroffenheit, den Verletzungsfolgen und der damit verbundenen Scham, Sprach- sowie Hilflosigkeit nehmen manche Betroffene Termine nicht wahr, erscheinen nicht bei der Arbeit beziehungsweise isolieren sich von Freund*innen und Familie. Ein kontrollierendes, häufig auch eifersüchtiges Verhalten des Partners unterstützt diese Dynamiken wiederum (vgl. Schröttle & Glade, 2020).

Bei langanhaltender Gewalt können die psychischen Belastungen dazu beitragen, dass zunehmend die Arbeitsfähigkeit eingeschränkt ist (Uebel, 2022). Insofern führt Gewalt auch zu Arbeitsunfähigkeit und Arbeitslosigkeit, zu Armut beziehungsweise einem erhöhten Armutsrisiko und zu Wohnungsverlust und Wohnungslosigkeit (Schröttle & Glade, 2020; Gurr, Pajot, Nobbs, Mailloux & Archambault, 2008; Novac, 2007).

Welche Auswirkungen hat die Gewalt auf die Seele von Betroffenen?

In einem Brief an ihren Expartner beschreibt eine Frau die Folgen der Gewalt auf ihre Seele:

»Ich muss noch einiges loswerden, womit ich nie fertig werde. Du hast mein Leben kaputt gemacht. Ich wurde von dir so ausgenutzt und gedemütigt, dass ich manchmal keine Lust mehr habe, zu leben. Ich bin durch dich so zerstört worden, dass ich keinem Mann mehr vertrauen kann. […] Ich fühle mich seelisch, physisch und finanziell ausgebeutet und weiß nicht mehr, wie ich nun ohne das Selbstvertrauen, das du zerstört hast, weiterleben soll. […] Ich habe alles für dich getan. Dir meine ganze Liebe und Energie geschenkt, als Dank habe ich nur Schläge und den Vorwurf bekommen, ich würde diese und diese Fehler machen. […] Du wusstest immer besser Bescheid über meine Gefühle, als ich. Du hast bestimmt, wie und was ich fühle, obwohl es nicht so war, wie du gedacht hast« (Riecher-Rössler, 2014).

Psychische Beschwerden als Folge von Gewalt sind sehr häufig und in der Forschung gut untersucht. Sie sind der Anlass, warum gewaltbetroffene Frauen eine psychotherapeutische Praxis oder psychosoziale Beratung aufsuchen. Für Betroffene ist es enorm wichtig, dass der*die Therapeut*in die aktuellen psychischen Beeinträchtigungen vor dem Hintergrund der Gewalterfahrung deutet. Viele erleben diese Bezugnahme als entlastend und können ihr Erleben und Verhalten als *normale* Reaktion auf ein *unnormales* Ereignis einordnen.

Typische Folgen von Gewalt sind unter anderem Depressionen, Stresssymptome, Konzentrationsstörungen, Angstzustände und Phobien, Schlafstörungen, geringer Selbstwert beziehungsweise Verlust des Selbstvertrauens, ein Gefühl der Verletzlichkeit, Selbstschädigungen, Essstörungen, Suizidgedanken und -versuche, Substanzmissbrauch (Rauchen, Alkohol, Drogen), Beziehungsschwierigkeiten, (komplexe) PTBS und Borderline-Persönlichkeitsstörung (vgl. Brzank, 2022; Büttner, 2020; Schröttle & Glade, 2020; FRA, 2014; Hornberg et al., 2008). Andersherum betrachtet haben Frauen in psychiatrischen Settings eine Lebenszeitprävalenz von 70 % Gewalt zu erfahren, 38 % erlebten in den 12 Monaten vor Eintritt in die psychiatrische Klinik Gewalt (Nyberg, Stieglitz, Flury & Riecher-Rössler, 2013).

Nicht jedes potentiell traumatische Ereignis führt zu einer psychischen Erkrankung, doch je intensiver und je häufiger die Gewalterfahrung ist, desto höher ist die Wahrscheinlichkeit, eine psychische Beeinträchtigung davonzutragen. Das trifft insbesondere auf Partnerschaftsgewalt zu, die häufig wiederholt und über einen längeren Zeitraum stattfindet. Auch die psychotraumatologische Forschung legt diesen Zusammenhang nahe (Maercker, Forstmeier, Wagner, Glaesmer & Brähleraus, 2008). Folgende Ereignisse beziehungsweise deren Charakteristika sind mit besonders schweren Traumareaktionen assoziiert:

- sie dauern sehr lange, wiederholen sich;
- beinhalten zwischenmenschliche Gewalt;
- das Opfer mochte (mag) den Täter;
- das Opfer fühlt sich mit schuldig;
- sie beinhalten sexualisierte Gewalt und/oder sadistische Folter;
- das Opfer hatte starke Dissoziationen;
- niemand stand dem Opfer unmittelbar danach bei (Brewin, Andrews & Valentine, 2000; Ozer, Best, Lipsey & Weiss, 2003).

Viele dieser Merkmale treffen auf Partnerschaftsgewalt zu. Dabei ist zu berücksichtigen, dass auch psychische Gewalt (ohne sexualisierte oder körperliche Gewalt) mit schwerwiegenden psychischen Beeinträchtigungen assoziiert sein kann (Schröttle & Müller, 2004).

Nachfolgend werden die typischen Traumafolgestörungen PTBS und komplexe PTBS nach der Internationalen statistischen Klassifikation der Krankheiten und verwandter Gesundheitsprobleme (ICD-11) kurz beschrieben und deren möglichen Überschneidungssymptome und Zusammenhänge mit anderen häufigen Traumafolgestörungen dargestellt. Dieses Wissen kann bei diagnostischen und differentialdiagnostischen Überlegungen helfen. Zudem werden Angaben dazu gemacht, wie häufig die jeweiligen psychischen Beeinträchtigungen bei Gewaltbetroffenen laut Forschung vorkommen.

Posttraumatische Belastungsstörung (PTBS)

Laut den Diagnosekriterien des ICD-11 (2021) für eine PTBS ist das Vorliegen eines Ereignisses oder von wiederholten Ereignissen von außergewöhnlicher Belastung beziehungsweise von katastrophalem Ausmaß zwingend erforderlich. Eine PTBS ist gekennzeichnet durch die Symptomtrias:

1. Wiedererleben der traumatischen Situation in Form von Intrusionen, Flashbacks, Albträumen;
2. Vermeidung von Gedanken und Erinnerungen an das Ereignis, Vermeidung von Situationen, Aktivitäten oder Menschen, die an das Ereignis erinnern;
3. erhöhte Sensitivität und Erregung wie beispielsweise Hypervigilanz, erhöhte Schreckhaftigkeit.

Die Symptome dauern mindestens für einige Wochen an und führen zu einer Beeinträchtigung im Funktionsniveau im persönlichen, familiären, sozialen, bildungs-, arbeitsbezogenen oder sonstigen wichtigen Bereich.

Die Posttraumatische Belastungsstörung ist mit 31 bis 84,4 % eine häufige Folge von Partnerschaftsgewalt (Iverson, Gradus, Resick, Suvak, Smith & Monson, 2011).

Komplexe Posttraumatische Belastungsstörung (kPTBS)

Eine komplexe PTBS entwickelt sich meist aufgrund von langandauernder oder wiederholter extremer Gewalterfahrung, der nicht oder kaum entflohen werden kann (vgl. ICD-11, 2021). Angegebene Beispiele umfassen Folter, Genozid, langanhaltende häusliche Gewalt sowie wiederholten sexualisierten oder körperlichen Kindesmissbrauch. Alle Kriterien für eine PTBS müssen erfüllt sein. Zudem sind andauernde und schwere Beeinträchtigungen in folgenden Bereichen vorliegend:

1. Affektregulation;
2. die Selbstkonzepte betreffend, wie die Überzeugung, minderwertig oder wertlos zu sein, assoziiert mit Scham-, Schuld- oder Versagensgefühlen, die im Zusammenhang mit den traumatischen Ereignissen stehen;
3. die Aufrechterhaltung von Beziehungen beziehungsweise die Fähigkeit, sich anderen nahe fühlen zu können, betreffend.

Auch diese Symptome führen zu einer Beeinträchtigung im Funktionsniveau im persönlichen, familiären, sozialen, bildungs-, arbeitsbezogenen oder sonstigen wichtigen Bereichen.

In einer dänischen Studie wurden 147 Frauenhausbewohnerinnen, die von Partnerschaftsgewalt betroffen waren, befragt und eine Prävalenz von 56,5 % bezüglich PTBS und 21,1 % bezüglich komplexer PTBS (21,1 %) wurde festgestellt (Dokkedahl, Kristensen, Murphy & Elklit, 2021).

Nachfolgend werden die Besonderheiten der typischen Traumafolgestörungen im Kontext von Gewalt dargestellt: Welche Symptome können sich zwischen einer PTBS und anderen psychischen Störungen überlappen? Was ist das Besondere bei Gewaltbetroffenen? Und wie häufig kommen die jeweiligen psychischen Störungen bei Betroffenen von Gewalt laut Forschung vor?

> Untersuchungen zeigen, dass bei einer PTBS das gleichzeitige Vorliegen weiterer psychischer Störungen eher die Regel denn die Ausnahme ist. In Studien wurde eine Komorbiditätsrate von bis zu 90 % gefunden (vgl. Brzank, 2022; Schäfer et al., 2019b).

Depressive Störungen

Depressive Störungen treten häufig nach traumatischen Erlebnissen auf beziehungsweise es berichten Personen mit der Diagnose depressive Störung oft von mindestens einem traumatischen Erlebnis. Bei der Hälfte aller Patient*innen mit PTBS werden auch die Diagnosekriterien einer depressiven Störung erfüllt. Folgende Symptome überlappen sich bei beiden Diagnosen: Konzentrations- und Schlafstörungen, Interessens- und Freudeverlust und psychomotorische Agitiertheit (vgl. Klein & Rohde, 2018). Laut der FRA-Studie (2014) berichten 20 % der gewaltbetroffenen Frauen von Depressionen. Laut der WHO (2013b) ist die Wahrscheinlichkeit, eine Depression zu entwickeln, für Frauen mit Partnerschaftsgewalt zweifach erhöht im Vergleich zu Frauen ohne Gewaltbetroffenheit. Die Wahrscheinlichkeit für einen Suizidversuch ist um das vier- bis fünffache erhöht.

Angststörungen

Die häufigste komorbide Angststörung ist die Panikstörung (vgl. Trautmann, 2018). Angststörungen können nach traumatischen Erlebnissen auch entstehen, ohne dass sich eine PTBS entwickelt, was insbesondere für die Panikstörung und Agoraphobie gilt. Um genau erfassen zu können, inwiefern Angststörungen und/oder eine PTBS vorliegen, ist es nötig, die zentrale Befürchtung der Betroffenen zu berücksichtigen: Bei einer PTBS ist die zentrale Befürchtung, erneut traumatisiert werden zu können. Zudem befürchten Betroffene, die mit dem traumatischen Ereignis verbundenen Gefühle und Gedanken nicht aushalten zu können. Die zentrale Befürchtung bei Personen mit Panikstörung bezieht sich auf die negativen Konsequenzen von köperbezogenen und angstbezogenen Symptomen. Bei der Agoraphobie geht es vor allem um die Angst bei einer Panikattacke nicht fliehen zu können oder keine Hilfe zu erhalten. Laut der FRA-Studie (2014) berichten 36 % der gewaltbetroffenen Frauen von Angstzuständen. Bei den differentialdiagnostischen Überlegungen ist es zentral zu beachten, ob die Gewalt beendet ist oder noch andauert. Bei aktueller Gewalt ist die Befürchtung nicht Ausdruck einer Angststörung, sondern entspricht einer realen Bedrohungssituation und macht eine Sicherheitsplanung dringend erforderlich (▶ Kap. 3).

Somatische Belastungsstörungen

Traumatische Erfahrungen werden nicht nur als versprachlichte Erinnerungen abgespeichert, sondern hinterlassen auch unbewusste körperliche Gedächtnisspuren. Insofern erleben gewaltbetroffene Frauen sehr oft somatische Beschwerden, die nicht körperlich erklärbar sind (vgl. Schilling, 2018). Über typische Teufelskreise verstärken sich die Dynamiken zwischen PTBS, chronischen Schmerzen und Depression und halten sich gegenseitig aufrecht: Schmerzen tragen zu einer depressiven Verstimmung bei, umgekehrt führt eine depressive Verstimmung zu einer erhöhten Schmerzwahrnehmung. Eine ängstliche Vermeidung von körperlicher Aktivität beziehungsweise eine Schonhaltung gehen mit einer geringen externalen Stimulation einher, die wiederum dazu führt, dass die Aufmerksamkeit besonders auf somatische Empfindungen gelenkt wird, was wieder symptomverstärkend wirkt. Körper-Flashbacks, deren Wahrnehmung und katastrophisierende Bewertungen wiederum wirken symptomverstärkend und führen zu Vermeidungsverhalten.

Substanzbezogene Störungen

Substanzbezogene Störungen im Zusammenhang mit Partnerschaftsgewalt variieren je nach Studie zwischen 18 und 72 % (Rivera, Phillips, Warshaw, Lyon, Bland & Kaewken, 2015). Wenngleich Substanzkonsum und traumatische Erfahrungen sehr häufig zusammen auftreten, werden sie in den meisten Settings nicht in Zusammenhang gebracht (vgl. Scholz-Hehn & Schäfer, 2018). Frauen, die von Partnerschaftsgewalt betroffen sind, haben ein 3,8-fach erhöhtes Risiko für Substanzmittelgebrauch im Vergleich zu Frauen ohne Gewalterfahrung. Beruhigungs- und Schlafmittel sowie Alkohol werden am häufigsten konsumiert. Umgekehrt sind es 30–50 % der in einer Suchtbehandlung befindlichen Personen, die von einem Trauma berichten. In der Literatur werden drei Zusammenhangshypothesen untersucht und diskutiert (vgl. Brzank, 2022).

1. Nach der Selbstmedikationshypothese nutzen Betroffene die Suchtmittel, um die Traumasymptome zu kontrollieren beziehungsweise zu ertragen.
2. Laut der Hochrisikohypothese ist der Konsum mit dem Aufenthalt in potentiell traumatisierenden Situationen verbunden. Die Fähigkeit, Risiken zu erkennen und sich vor ihnen zu schützen, ist reduziert, wenn man konsumiert hat.
3. Nach der Sensitivitätshypothese sind Personen mit Suchtproblemen anfälliger, nach potentiell traumatischen Ereignissen eine Traumafolgestörung zu entwickeln.

Schloz-Hehn und Schäfer (2018) empfehlen, auch bei fortgesetztem Substanzkonsum eine stabilisierende Traumatherapie zu beginnen. Zudem können expositionsbasierte Verfahren bei einem stabil niedrigen Konsum indiziert sein (solange keine Gewalt aktuell vorliegt).

Psychotische Störungen

Schließlich liegt bei bis zu einem Drittel von Psychosebetroffenen eine komorbide PTBS vor. Diese wird aber nur zu einem Bruchteil diagnostiziert (vgl. Schroeder & Schäfer, 2018). Traumatisierungen nehmen jedoch Einfluss auf den Verlauf der Psychose. In einer US-amerikanischen Studie war das Risiko für eine Psychose drei- bis fünfmal erhöht beim Vorliegen von Partnerschaftsgewalt (Shah, von Mach, Fedina, Link & DeVydler, 2018).

Dissoziative Störungen

Auch Dissoziationen sind eine häufige Traumafolgestörung, die oft unterschätzt werden. Die dissoziative Identitätsstörung scheint eine ähnliche Häufigkeit wie zum Beispiel die Borderline-Persönlichkeitsstörung zu haben und liegt bei 2–10 % in der Allgemeinbevölkerung (Wirtz & Gast, 2018). Die peritraumatische Dissoziation ist zunächst eine Schutzreaktion des Körpers, eine Notfallreaktion unter extremem Stress. Gleichzeitig ist sie auch ein Risikofaktor für die Entwicklung späterer Traumafolgestörungen. Wird dieser Schutzmechanismus immer wieder als Lösungsmöglichkeit aufgerufen beziehungsweise tritt eine Traumatisierung wiederholt und massiv auf, kann Dissoziation bis zur Aufspaltung der Gesamtpersönlichkeit führen. Eine dissoziative Identitätsstörung wiederum erhöht das Risiko, Partnerschaftsgewalt zu erleben (Snyder, 2018).

> Die gesundheitlichen Auswirkungen der Gewalt dauern meistens länger an, selbst dann, wenn die Gewalt bereits beendet ist. Die Auswirkungen auf die körperliche und psychische Gesundheit sind umso stärker, je intensiver die Gewalterfahrungen sind. Verschiedene Gewaltformen und mehrere Gewaltepisoden wirken im zeitlichen Verlauf kumulativ (WHO, 2013b). Um betroffene Frauen auf ihrem Weg angemessen zu unterstützen, ist es unerlässlich, diese

Zusammenhänge zwischen Gewalt und Gesundheit herzustellen und in der Diagnostik und Behandlungsplanung zu berücksichtigen.

2 Psychotraumatologie und kontextualisierte Traumaarbeit

Bislang wurden die psychischen Auswirkungen von Partnerschaftsgewalt aus einer klinischen Perspektive beschrieben. Dieser Logik folgen in der Regel die traumatherapeutischen Ansätze, die nachfolgend in aller Kürze beschrieben werden: Wie ist die Psychotraumatologie entstanden und welche therapeutischen Ansätze sind aktuell vorherrschend? Anschließend wird die kontextualisierte Traumaarbeit beschrieben, die in der Arbeit mit gewaltbetroffenen Frauen eine erweiternde Perspektive und Orientierung für Therapeut*innen bieten kann. Abschließend wird dargestellt, warum ein gendersensibler, feministischer und gewaltinformierter Ansatz in der Arbeit mit gewaltbetroffenen Frauen erforderlich ist.

2.1 Psychotraumatologie und traumatherapeutische Ansätze

Psychotraumatologie ist die Lehre, die sich mit der Erforschung und Behandlung von psychischen Traumafolgen auf das Erleben und Verhalten von Personen befasst. Das Wort Trauma stammt aus dem Altgriechischen (*traúmatos*) und bedeutet Wunde, eine physische oder psychische Verletzung (Häcker & Stapf, 2009). 1889 führte der Neurologe Oppenheim den Begriff *Trauma* in die Neuropsychiatrie ein, wobei er die Ursachen in Funktionsstörungen im Bereich des Zentralen Nervensystems sah (Priebe, Nowak & Schmiedebach, 2002).

Die professionelle Auseinandersetzung mit psychischen Reaktionen bei erschütternden Ereignissen wurde historisch gesehen durch ärztliche und psychiatrische Debatten geprägt, später auch um juristische und psychologische Sichtweisen erweitert (vgl. Schmiedebach, 2019). Der Begriff Trauma wurde insofern zunächst vorrangig für körperliche Verletzungen verwendet und dann auch zunehmend für psychische Belastungen benutzt. Zentral dabei war die Frage danach, wie das Individuum auf ein traumatisches Ereignis reagiert. Man untersuchte, welche individuellen Dispositionen oder vererbten *Nervenschwächen* zu welchen Symptomen bei welchen traumatischen Ereignissen führten. Unterschiedliche Begriffe spiegelten den jeweiligen gesellschaftlichen und historischen Kontext wider, in dem die Debatten stattfanden:

- *railway spine* im Kontext von sich mehrenden Eisenbahnunfällen Ende des 19. Jahrhunderts
- *traumatische Neurose* oder *Unfallneurose* im Kontext von verunglückten Industriearbeitern
- *Neurasthenie* als Reaktionen auf beschleunigte Lebensverhältnisse
- *Kriegsneurotiker* oder *shell shock* im Zuge des Ersten Weltkrieges

In Folge der vermehrten Auseinandersetzung mit den Auswirkungen des Vietnamkrieges wurde 1980 die Diagnose Posttraumatische Belastungsstörung (PTBS) erstmals offiziell als Krankheitsbild definiert und in das *Diagnostic and Statistical Manual of Mental Disorders* (DSM; englisch für *Diagnostisches und Statistisches Manual Psychischer Störungen*) der *American Psychiatric Association* (APA) aufgenommen. 1992 folgte die Diagnosekategorie in die Internationale statistische Klassifikation der Krankheiten und verwandter Gesundheitsprobleme (ICD-10) der Weltgesundheitsorganisation. Seither stiegen die Forschungsarbeiten und Veröffentlichungen hierzu stark an.

Mit der Einführung des DSM-5 im Jahr 2013 wurde die Diagnose einer komplexen PTBS geschaffen. Wie ist die Diagnose der komplexen PTBS entstanden und was hat sie mit Gewalt gegen Frauen zu tun? Judith Herman (2018), eine amerikanische Psychiaterin, die bereits Anfang der 1970er Jahre ihre psychiatrische Facharztausbildung machte, kämpfte lange für diese Diagnose. Sie sah damals viele Fälle von Frauen und Mädchen, die eine Schizophrenie oder Psychose-Diagnose erhalten hatten, ohne dass nach den Ursachen gefragt wurde. Judith Herman fiel auf, dass die meisten dieser Frauen und Mädchen sexuell missbraucht worden waren. Sie beschreibt, dass in der Psychiatrie und Forschung lange Zeit die Tendenz vorherrschte, Betroffene zu beschuldigen. Als die *American Psychiatric Association* eine Neuauflage des *Diagnostischen und Statistischen Manuals Psychischer Störungen* vorbereitete, setzte sich eine Gruppe von männlichen Psychoanalytikern dafür ein, eine *masochistische* Persönlichkeitsstörung zu definieren. Sie wollten mit dieser Diagnose Personen fassen, die in Beziehungen verbleiben, in denen sie ausgebeutet, misshandelt oder übervorteilt werden, obwohl es nach Ansicht von Außenstehenden die Gelegenheit gegeben hätte, die Situation zu verändern. In der Geschichte der Psychiatrie wurden Frauen, die aufgrund der Gewalterfahrung psychisch belastet waren, Charakterzüge wie *abhängig*, *masochistisch*, *hysterisch*, *hypochondrisch* oder die einer *selbstzerstörerischen* Persönlichkeit zugeschrieben. In der Forschung konnte nie ein eindeutiges Profil von sogenannten Persönlichkeitseigenschaften gefunden werden, die Betroffenen von häuslicher Gewalt gemeinsam waren. Vielmehr waren und sind es gewöhnliche, gesunde Frauen, die nach einer Gewaltbeziehung meist nicht mehr gesund sind. Die Diagnose einer (komplexen) PTBS soll diesen Zusammenhang zwischen Gewalt und psychischen Folgen deutlich machen.

In der Forschung werden verschiedene traumatische Ereignistypen unterschieden (vgl. Maercker & Augsburger, 2019; Pausch & Matten, 2018):

Tab. 2.1: Traumatische Ereignistypen

	Typ-I-Traumata (einmalig, lebensbedrohlich, unerwartet)	Typ-II-Traumata (mehrfach, langandauernd, unvorhersehbar)
Interpersonelle (man-made) Traumata Intentionale Traumata	Sexualisierte Übergriffe, kriminelle/körperliche Gewalt, bewaffneter Raub	Andauernde häusliche Gewalt, Gewalt in der Kindheit (sexualisiert, körperlich, emotional), Krieg, Folter, Geiselnahme, Gefangenschaft
Akzidentelle Traumata Non-Intentionale Traumata	Verkehrsunfall, Arbeitsunfall (Feuerwehr, Polizei), kurz andauernde Katastrophen (zum Beispiel Brand)	Technische Katastrophen und ihre Folgen (zum Beispiel Giftgaskatastrophen, Nuklearunfall), lange andauernde Katastrophen (zum Beispiel Überschwemmung)

Die APA (2018) unterscheidet vier verschiedene Formen der Exposition mit traumatischen Ereignissen:

- direkte Erfahrung
- persönliche Zeugenschaft
- plötzlicher Verlust von wichtigen Bezugspersonen
- wiederholte oder extreme Konfrontation mit aversiven Details eines Ereignisses (zum Beispiel Polizist*innen, die beruflich bedingt wiederholt mit Kindesmissbrauch in Kontakt sind)

> Insbesondere durch Menschen willentlich verursachte Traumata und solche, die länger andauern, führen zu stärkeren, komplexeren Belastungen. Die Posttraumatische Belastungsstörung ist eine spezifische Traumafolgestörung. Der Begriff *Traumafolgestörung* ist weiter gefasst und beinhaltet einen größeren Bereich an Symptomen, Syndromen, Störungen und Reaktionsmöglichkeiten auf traumatische Ereignisse, wobei das traumatische Ereignis hierbei meist nicht als alleinige Ursache, sondern eher als Risikofaktor angesehen wird. Wenngleich die psychischen Belastungen nach einem Trauma vielfältig sein können, bezieht sich eine Traumatherapie meist auf die Behandlung einer PTBS.

Welche traumatherapeutischen Behandlungsansätze gibt es und was wissen wir in Bezug auf deren Wirksamkeit?

In der psychotherapeutischen Behandlung werden meist traumafokussierte und nicht-traumafokussierte Interventionen unterschieden (vgl. Ehring et al., 2019).

Traumafokussierte Verfahren

Traumafokussierte Interventionen zielen darauf ab, dass die Erinnerung an das traumatische Ereignis verarbeitet wird und/oder dass die Bedeutung dieser Erinnerung bearbeitet wird. Es sind vor allem zwei Verfahren beziehungsweise deren Wirksamkeit gut untersucht: die traumafokussierte Verhaltenstherapie und die Eye Movement Desensitization and Reprocessing-Therapie (EMDR).

Die kognitive Verhaltenstherapie bei Traumata umfasst üblicherweise eine imaginative Exposition in Bezug auf die Traumaerinnerung, eine Exposition in vivo oder eine narrative Exposition und/oder eine kognitive Umstrukturierung bezüglich der traumabezogenen Überzeugungen. Viel untersuchte Verfahren sind die Prolongierte Exposition nach Foa, Dancu, Hembree, Jaycox, Meadows und Street (1999), die kognitive Therapie nach Ehlers und Clark (2000), die kognitive Verarbeitungstherapie nach Resick, Galovski, Uhlmansiek, Scher, Clum und Young-Xu (2008) und die narrative Expositionstherapie nach Schauer, Elbert und Neuner (2011).

Bei der Eye Movement Desensitization and Reprocessing-Therapie (EMDR) nach Shapiro (2018) werden traumatische Erfahrungen bearbeitet, indem Therapeut*innen Augenbewegungen anleiten und andere Methoden der Rechts-Links-Stimulation einsetzen.

Weitere traumafokussierte Verfahren, die in geringerem Umfang in kontrollierten Therapieforschungsansätzen untersucht wurden, sind die *Imagery Rescripting und Reprocessing Therapy* (Schmucker & Köster, 2014), die metakognitive Therapie (Wells & Sembi, 2004) und die *Brief Eclectic Therapy* (Gersons, Meewisse & Nijdam, 2015).

Laut der S3-Leitlinie ist eine traumafokussierte Psychotherapie bei einer Posttraumatischen Belastungsstörung das Verfahren erster Wahl (Empfehlungsgrad Ia, was einer starken Empfehlung entspricht) (Schäfer et al., 2019a). Internationale Leitlinien stützen diese Empfehlung, unter anderem die der American Psychological Association (2017), des Australian Centre for Posttraumatic Mental Health (Phoenix Australia, 2021), des National Institute for Health and Care Excellence (NICE, 2018), des US Department of Veterans Affairs and Department of Defense (VA/DoD, 2023) und die der Weltgesundheitsorganisation (WHO, 2013a). Für eine Übersicht zu den Meta-Analysen und Primärstudien siehe Ehring et al. (2019).

Auch bei einer komplexen PTBS sollen traumafokussierte Techniken eingesetzt werden, ergänzt durch Techniken zur Emotionsregulation und zur Verbesserung bei Beziehungsproblemen, zum Beispiel durch die Bearbeitung von dysfunktionalen zwischenmenschlichen Mustern (Empfehlungsgrad 2a, schwache Empfehlung) (Maercker et al., 2019). Liegen komorbide weitere Störungen vor, was eher die Regel denn die Ausnahme ist, sollen diese im Sinne einer partizipativen Entscheidungsfindung in der Gesamtbehandlungsplanung berücksichtigt werden (Schäfer et al., 2019b).

Nicht-traumafokussierte Verfahren

Nicht-traumafokussierte Verfahren zielen primär nicht auf die Verarbeitung der traumatischen Erfahrung beziehungsweise dessen Bedeutung ab, sondern legen das

Augenmerk auf Fertigkeitentrainings zur Emotionsregulation, zum Umgang mit Belastungssymptomen und auf Problemlösestrategien (vgl. Ehring et al., 2019). Verfahren, zu denen randomisierte kontrollierte Untersuchungen vorliegen, sind unter anderem das Stressimpfungstraining und das Gruppenprogramm *Sicherheit finden*. Beim Stressimpfungstraining (Foa et al., 1999) werden Techniken wie Gedankenstopp, kognitive Umstrukturierung, Rollenspiele und Entspannung vermittelt. Das Programm *Sicherheit finden* (Najavits, 2008) nutzt kognitiv-verhaltenstherapeutische Techniken, um substanzbezogene und traumabezogene Symptome zu behandeln.

Phasenorientierte Verfahren

In den sogenannten phasenorientierten Verfahren werden traumafokussierte und nicht-traumafokussierte Ansätze kombiniert. Ein Beispiel für ein phasenorientiertes Verfahren ist das STAIR/NT, das Skillstraining zur affektiven und zur interpersonellen Regulation in Form einer Narrativen Therapie beinhaltet (Cloitre, Cohen & Koenen, 2013; Cloitre, Koenen, Cohen & Han, 2002). Die Vermittlung von Fertigkeiten zur Emotionsregulation und die Bearbeitung dysfunktionaler interpersoneller Schemata stehen im Vordergrund. Mithilfe Narrativer Expositionstherapie werden die belastenden Erinnerungen durchgearbeitet.

Die Dialektisch-Behaviorale Therapie der PTBS (DBT-PTBS) ist ein weiteres phasenbasiertes Verfahren und nutzt Methoden der Dialektisch-Behavioralen Therapie, kognitive Techniken sowie Expositionsverfahren (Bohus, Dyer, Priebe, Krüger, Kleindienst, Schmahl, Niedtfeld & Steil, 2013).

Auch die psychodynamische Traumatherapie nach Horowitz (2021) ist ein phasenorientiertes Verfahren. Nach Horowitz gibt es fünf verschiedene Phasen bei traumatischen Ereignissen, die von allen Personen durchlaufen werden, entweder als normale Stressreaktion oder in Form eines pathologischen Verlaufs, der therapeutischer Unterstützung bei der Verarbeitung bedarf:

1. In der peritraumatischen Expositionsphase sind Wut, Angst und Trauer normal. Die Emotionen können aber auch im Sinne einer Pathologie überschwemmend sein.
2. In der Verleugnungsphase wehren sich Betroffene gegen Erinnerungen, was bis zu pathologischem starken Vermeidungsverhalten (unter anderem auch durch sich selbst betäubendes Verhalten durch Konsum von Alkohol, Drogen und Medikamenten) reichen kann.
3. Es folgt eine Phase, in der sich Gedanken an das Trauma in den Alltag eindrängen können, bis hin zu pathologischen sich ständig aufdrängenden Intrusionen.
4. Es schließt sich eine Phase an, in der das traumatische Erlebte durchgearbeitet wird.
5. In der letzten Phase vollzieht sich ein relativer Abschluss, durch den die Person an das traumatische Ereignis denken kann, ohne zwanghaft daran denken zu müssen.

Die Psychodynamische Imaginative Traumatherapie (PITT) nach Reddemann (2004) ist ein weiteres phasenorientiertes Verfahren, in dem folgende Etappen der Heilung unterschieden werden:

1. für äußere Sicherheit sorgen (soziales Netzwerk aktivieren, Teilnahme an Selbsthilfegruppen etc.);
2. Psychoedukation (erklären von Traumareaktionen als *normale* Reaktionen während beziehungsweise nach belastenden Ereignissen);
3. traumaspezifische Stabilisierung und
4. Traumabearbeitung.

Insgesamt fokussiert Luise Reddemann nicht so sehr auf die Bearbeitung traumatischer Erfahrungen, sondern mehr auf die Förderung der Resilienz, der Ressourcen und der Beziehungen.

Zudem gibt es eine Vielzahl von körperbezogenen Traumatherapien wie beispielsweise das *Somatic Experiencing* nach Levine (2016).

Die bislang beschriebenen Verfahren wurden meist im Einzelsetting untersucht. Es gibt allerdings auch Gruppenprogramme (Deblinger, Pollio & Dorsey, 2016). Zudem gibt es technologiegestützte Interventionen (Knaevelsrud & Lorbeer, 2021). Des Weiteren wurden spezifische Manuale entwickelt und Besonderheiten im Umgang mit speziellen Zielgruppen oder traumatischen Ereignissen beschrieben, wie beispielsweise im Kontext von Militär (Biesold, Barre & Zimmermann, 2019), bei Folteropfern (Wenk-Ansohn, Stammel & Böttche, 2019), in der Gerontopsychiatrie (Böttche, Kuwert & Knaevelsrud, 2019), bei körperlichen Erkrankungen oder medizinischen Eingriffen (Köllner, 2019), bei Trauma und Behinderung (Rießbeck & Rießbeck, 2018) oder im Kontext von Schwangerschaft und Geburt (Weidner & Junge-Hoffmeister, 2018).

Eine pharmakotherapeutische Behandlung bei PTBS ist weder als alleinige noch als primäre Therapie indiziert, wird im klinischen Alltag allerdings häufiger verwandt, ggf. aufgrund von komorbid vorliegenden weiteren Symptomen (wie beispielsweise quälenden Schlafstörungen) oder weil die Interventionsmethode erster Wahl, eine traumafokussierte Psychotherapie, nicht beziehungsweise nicht zeitnah zur Verfügung steht (Schellong, Frommberger, Liebermann, Bering & Schäfer, 2019). Bei schweren PTBS-Syndromen, die von Übererregbarkeit, Panikattacken und depressiven Symptomen begleitet werden, kann eine pharmakotherapeutische Behandlung neben einer Psychotherapie indiziert sein (siehe Bauer, Priebe & Severus, 2019, S. 369 für eine Übersicht über spezifische Indikationen laut Leitlinien).

Abschließend soll kurz der Ansatz der psychologischen Frühintervention beschrieben werden. Der Ansatz bezieht sich ursprünglich auf Großschadensereignisse, wie Unfälle oder Katastrophen. Er weist Ähnlichkeiten zu der von der WHO (2022a, b) empfohlenen Ersthilfe auf bei Frauen, die von Partnerschaftsgewalt und sexualisierter Gewalt betroffen sind (▶ Kap. 2.3). Die psychologische Frühintervention bezieht sich auf Maßnahmen, die innerhalb der ersten drei Monate nach einem traumatischen Ereignis erfolgen sollten (Bengel, Becker-Nehring & Hillebrecht, 2019). Folgende fünf Prinzipien haben sich in der psychosozialen Notfallversorgung bewährt (Hobfoll et al., 2007):

1. Sicherheitsgefühl fördern (unter anderem durch die Herstellung eines sicheren Ortes und durch das Begrenzen des Redens über das Trauma)
2. Beruhigen und entlasten
3. Selbstwirksamkeit und Kontrolle fördern (unter anderem durch den Einbezug in Entscheidungen)
4. Verbundenheit herstellen (unter anderem durch die Bildung einer Gruppe von Betroffenen)
5. Hoffnung und Zukunftsorientierung fördern (unter anderem durch die Unterstützung bei der Bewältigung des Alltags, durch die Anbindung an weitere Hilfen, durch die Einbindung der Politik)

Zusammenfassende Bewertung traumatherapeutischer Ansätze

In der Psychotraumatologie werden Erklärungen gesucht, warum manche Personen nach traumatischen Ereignissen eine psychische Störung entwickeln, wohingegen andere sich resilient zeigen (Bonanno, 2008). Es werden Risiko- und Schutzfaktoren erforscht, die auf individueller Ebene erklären sollen, wie Traumatisierungen stattfinden. Problematisch ist, dass gesellschaftliche Kontexte, in denen Menschen leben, dabei wenig berücksichtigt werden.

Ein Beispiel ist die Untersuchung von Brewin und anderen (2000), in der 77 Studien ausgewertet wurden. Sie nannten unter anderem das weibliche Geschlecht als einen Risikofaktor für die Entwicklung einer Traumafolgestörung. Unter anderem wird dieser Geschlechtsunterschied mit Unterschieden in der neuroendokrinen Stressreaktion erklärt (in der Hypothalamus-Hypophysen-Nebennierenrinden-Achse oder HPA-Achse) und mit Unterschieden in den Sexualhormonen (Bengel et. al. 2019). Die gesellschaftlichen Strukturen, in denen Frauen und Männer leben, und die dazu führen, dass Frauen vermehrt und schwerwiegender von Gewalt betroffen sind, werden dabei nicht explizit berücksichtigt.

Ähnlich problematisch ist, dass Bewältigungsressourcen sehr individuumsorientiert verstanden werden. Der strukturell verankerte Zugang zu und die Kontrolle über diese Ressourcen werden tendenziell vernachlässigt (vgl. Zaumseil & Schwarz, 2014). Kennzeichen eines traumatischen Prozesses ist demnach, dass die Bewältigungsmöglichkeiten einer Person nicht ausreichen, um mit den als subjektiv erlebten Bedrohungen für sich oder andere umzugehen und sich eine psychische Störung oder Krankheit entwickelt (Pausch & Matten, 2018). Dementsprechend setzen konfrontative Techniken aus dem kognitiv-verhaltenstherapeutischen Bereich bei defizitär angelegten Glaubenssätzen an, fordern eine Disputation der eigenen Befürchtungen und eine Neubewertung der eigenen Emotionen. Sie bergen die Gefahr, zu einseitig das Individuum und seine Kognitionen zu betonen. Psychopathologische Aspekte rücken in den Vordergrund und gesellschaftliche Zusammenhänge, strukturbedingte Benachteiligungen, kulturelle Werte und Moralvorstellungen werden nur am Rande berücksichtigt (vgl. Schwarz, 2015).

Im ICD-11 wird die PTBS zwar nicht mehr als eine Untergruppe der neurotischen, Belastungs- und somatoformen Störungen verstanden, sondern es wurde, angelehnt an das DSM-5, ein eigenes Kapitel dafür reserviert. Positiv an dieser Umstrukturierung ist insofern, dass extremer psychischer Stress nicht mehr nur berücksichtigt wird, sondern als ein integraler Bestandteil dieser Störungsgruppe definiert wird. Es ist damit die einzige Störungsgruppe, die zumindest Bezug auf auslösende Ereignisse, auf potenziell traumatisierende Erfahrungen und damit auf den Kontext nimmt (vgl. Schwarz, 2015).

Eine differenzierte Berücksichtigung von Kontexten ist gerade bei Partnerschaftsgewalt enorm wichtig: »Frauen, die Gewalt in der Partnerschaft erleben, leiden mit größerer Wahrscheinlichkeit unter verschiedenen psychischen Langzeitfolgen als Frauen, denen Gewalt durch eine andere Person angetan wird« (FRA, 2014, S. 23). Die psychischen Folgen sind umso schwerer, je früher die Gewalterfahrung gemacht wird (da Kindern und Jugendlichen noch nicht so ausgereifte Bewältigungsressourcen zur Verfügung stehen wie Erwachsenen und sie strukturell gesehen in einem abhängigen Verhältnis zu den Erwachsenen stehen), je enger die Beziehung zum Täter ist (im Gegensatz zu Gewalttaten verübt von Fremden) und je länger die Gewalterfahrung andauert (Reddeman & Dehner-Rau, 2012). Eine Unterscheidung von naturbedingten und menschengemachten Traumata fehlt bislang in den diagnostischen Manualen, wenngleich die Wahrscheinlichkeit für Folgestörungen sowie das Komplexitätsausmaß der Symptome bekanntermaßen abhängig sind von der Art und den Umständen sowie der Häufigkeit der traumatisierenden Ereignisse (Schellong, 2013).

> Ohne die Berücksichtigung der Entstehungskontexte und der gesellschaftspolitischen Lebensverhältnisse besteht die Gefahr, dass eine strukturelle Benachteiligung von Frauen oder Kindern und sich daraus ergebende Gewaltkontexte als psychische Störungen individualisiert werden (Burgard, 2002). Betroffene wünschen sich jedoch ausdrücklich, dass ein Zusammenhang zwischen ihren aktuellen Belastungen und der Gewalterfahrung hergestellt und eine gesellschaftskritische Haltung eingenommen wird (Betroffenenrat Traumanetz Berlin, 2021).

Eine weitere Herausforderung besteht darin, dass aktuell vorliegende Gewalt beziehungsweise eine akute Gefährdung nur unzureichend in den traumatherapeutischen Ansätzen abgebildet sind.

Besteht Täterkontakt fort, so ist ein traumatherapeutisches Ziel, nämlich die Wahrnehmung beziehungsweise Einschätzung, dass die Gewalt vorüber ist, nicht möglich, da die Gewalt vor und nach der Therapiestunde fortgesetzt werden kann (Fliß, 2013). Dauert die Gewalt an, sollten keine stabilisierenden Techniken eingesetzt werden, die dazu beitragen, die Gewalt auszuhalten. Vielmehr sollten Beratung und Therapie auf die Herstellung der äußeren Sicherheit abzielen. Dazu gehört der Aufbau eines interdisziplinären Netzwerks (▶ Kap. 7), eine Psychoedukation (auch hinsichtlich strafrechtlicher Informationen, Notfallkoffer, Anlaufstellen nachts/Wochenende) sowie die Distanzierung zum Täter. Die primärtherapeutische Arbeit fokussiert dann auf die teils zermürbenden Ambivalenzen (▶ Kap. 5). Psychotherapeut*innen sollten in Bezug auf Schutz- und Sicherheitsaspekte, auch hinsichtlich Hochrisikofällen und zur Verhinderung von Femiziden, geschult sein (▶ Kap. 4).

Die kontextualisierte Traumaarbeit, die nachfolgend dargestellt wird, entspricht diesen Forderungen.

2.2 Kontextualisierte Traumaarbeit

Der Ansatz der kontextualisierten Traumaarbeit wurde im Rahmen eines partizipativen Forschungsprojekts entwickelt, das der Bundesverband der Frauennotrufe und Frauenberatungsstellen (bff) unter der Leitung von Prof. Dr. Ariane Brenssell und Ans Hartmann durchgeführt hat (Brenssell, Hartmann & Schmitz-Weicht, 2020). Es wurden sowohl Berater*innen befragt als auch Betroffene interviewt.

Die Autorinnen kritisieren, dass Traumata aus einer klinischen Perspektive vorwiegend als neurobiologische Symptome dargestellt werden, die medizinisch *behandelt* werden müssen, dass Traumatisierungen als individuelles Problem verstanden werden, als *Störung* oder *Krankheit*.

In der kontextualisierten Traumaarbeit hingegen wird Traumatisierung als ein Prozess verstanden, in Anlehnung an den Ansatz der sequentiellen Traumatisierung von Hans Keilson (2005). Keilson untersuchte Überlebende des Nazi-Regimes und stellte fest, dass vor allem die Zeit nach der Traumatisierung darüber entschied, wie schwer die Belastungen erlebt wurden oder inwiefern Verarbeitungsmöglichkeiten befördert werden.

> »Oft denke ich: Das, was nach den Trennungen kam, war auf eine Art schlimmer als das Leben mit den Gewalttätern selbst. Die Sozialamtsmitarbeiterin beispielsweise, die, als ich sie nach meiner ersten Trennung um ein paar Möbel für mich und meine Kinder bat, stirnrunzelnd fragte: ›War es wirklich so schlimm? Mussten Sie denn gleich weglaufen?‹ Oder die Jugendamtsmitarbeiterin, die mit einem Schreibblock durch meine neue Wohnung spazierte und notierte: ›Die Wohnung ist spärlich, aber geschmackvoll eingerichtet. […] Die Mutter geht auf die Kinder angemessen ein.‹ Ich sagte: ›Wo waren Sie, als ich noch mit dem Vater zusammenlebte?‹ Dass er gewalttätig war, war gemeinhin bekannt: Verwandten, Bekannten, Sozialarbeitern, der Polizei. Ich verstand: Solange ich einen Mann an meiner Seite hatte, war alles gut. Als Alleinerziehende war ich automatisch verdächtig« (Joel, 2022, S. 3 f.).

In der kontextualisierten Traumaarbeit wird eine Traumatisierung in den gesellschaftlichen Kontext gestellt. Geschlechtsspezifische Gewalt wird als ein Symptom der Gesellschaft verstanden, in der ungleiche Machtverhältnisse als legitim angesehen werden. Diese Sichtweise hat zur Folge, dass nicht nur mit den betroffenen Frauen und Mädchen gearbeitet wird, sondern auch auf politischer Ebene Veränderungen angestrebt werden (Brenssell et al, 2020).

Konkret findet kontextualisierte Traumaarbeit auf drei Ebenen statt, die miteinander verwoben sind:

1. Beratungsarbeit
2. Arbeit mit Zusammenhangswissen
3. Strukturarbeit

Die erste Dimension, die Beratungsarbeit, umfasst psychotraumatologische Interventionen. Ziel ist dabei immer, die Selbstbestimmung und die Handlungsermächtigung der Betroffenen zu stärken:

> »Das bedeutet, sie als Expertinnen ihrer Erfahrung ernst zu nehmen, ihre Gewalterfahrung anzuerkennen, ihnen etwas zuzutrauen und gemeinsam für Sicherheit im Alltag zu sorgen. Zugleich begegnen wir ihnen parteilich im Sinne einer Solidaritätserklärung, die anerkennt, dass geschlechtsspezifische Gewalt kein individueller Schicksalsschlag, sondern ein gesellschaftliches Problem ist« (ebd., S. 31).

Die Autorinnen gehen davon aus, dass erst durch das Wissen um die gesellschaftlichen Machtverhältnisse und Genderasymmetrien eine Verarbeitung des Gewalterlebens stattfinden kann (Arbeit mit Zusammenhangswissen). Unterschiedliche Ressourcenzugänge aufgrund von Gender, Alter, Identität, Rassismus, Armut und Bildung werden als prägend für unser Leben angesehen und auch dafür, wie wir Gewalt erleben und verarbeiten können. Die Fachkraft sollte typische Mythen in Bezug auf Gewalt gegen Frauen kennen, diese mit der Frau besprechen und damit Schuld- und falschen Verantwortungszuschreibungen entgegenwirken.

Es hat Tradition, dass Berater*innen des bff auch an den gesellschaftlichen Ursachen von Gewalt arbeiten (Strukturarbeit). Durch Fortbildungen, Präventionsarbeit und politische Aktionen sollen gesellschaftliche Verbesserungen herbeigeführt werden.

Daneben wurden in dem Forschungsprojekt thematische Schwerpunkte identifiziert, die auf den drei Ebenen – auf individueller Ebene beziehungsweise in der Beratungsarbeit, auf der Ebene von Zusammenhangswissen und durch Strukturarbeit – bearbeitet werden:

1. Anerkennung der Gewalt
2. Sicherheit und Stabilisierung
3. Parteilichkeit
4. Selbstbestimmung
5. Wissensvermittlung

Anerkennung der Gewalt

Bei der Anerkennung der Gewalt auf der Ebene der Beratungsarbeit geht es darum, dass genderspezifische Gewalt als Menschenrechtsverletzung benannt wird. Die Wahrnehmung der Betroffenen wird parteilich anerkannt und validiert. Das Erleben der Frau sollte weder angezweifelt noch relativiert oder gar abgestritten werden, eine Erfahrung, die manche gewaltbetroffenen Frauen bei der Polizei, bei Gericht, bei Therapeut*innen oder dem Jugendamt machen. Durch die Anerkennung der Gewalt wird soziale Isolation durchbrochen, die erste Grundlage für eine Verarbeitung des Erlebten wird gelegt. Die Fachkraft benötigt eine Bewusstheit über gesellschaftliche Mythen über Gewalt gegen Frauen, um diese zu erkennen und zu benennen und bearbeitbar zu machen, da diese Mythen einer Anerkennung von Gewalt entgegenwirken (Ebene des Zusammenhangswissens). Mythen begünstigen, dass der Täter entschuldigt wird und der betroffenen Frau Verantwortung für die

Gewalt zugeschoben wird. Durch die Benennung und Bearbeitung der Mythen können Stigmatisierungen und Schuldgefühle aufgedeckt und bearbeitet werden.

> Beispiele für typische Mythen über Gewalt gegen Frauen:
>
> - Sie hat ihn bestimmt provoziert.
> - Sie ist ja auch schwierig/psychisch labil.
> - Sie wollte das ja und ist bei ihm geblieben/immer wieder zu ihm zurückgegangen.
> - Sie hat sich nicht gewehrt, so schlimm war es dann nicht.
> - Sie hat sich doch den Mann ausgesucht.
> - Sie hatte einen kurzen Rock/enge Kleidung/tiefen Ausschnitt an und es darauf angelegt.
> - Eine Tracht Prügel hat noch nie jemanden geschadet.
> - Wenn es so schlimm ist, kann sie doch gehen.
> - Es gibt genug Hilfsangebote, die sie nutzen kann.
> - Er hat das nicht so gemeint/er bereut es ja auch.
> - Er war nur betrunken.
> - Bei Stress kann einem schon mal die Hand ausrutschen.
> - Das klingt abenteuerlich, das kann so sicher nicht passiert sein.
> - Bestimmt übertreibt sie.
> - Gewalt kommt nur in bestimmten Gesellschaftsschichten vor.
> - Das ist doch Privatsache (vgl. Brenssell et al., 2020; Myke & Jordan, 2010).

Eine Anerkennung der Gewalt kann auch gesellschaftlich erfolgen im Sinne von politischer Arbeit beziehungsweise Strukturarbeit (vgl. Brenssell et al, 2020). Durch Sensibilisierungskampagnen und Öffentlichkeitsarbeit soll Gewalt aus der Tabuzone gebracht werden und geschlechtsspezifische Ungleichheiten benannt und abgebaut werden. Durch die Enttabuisierung von Gewalt können Betroffene das Erlebte als Gewalt einordnen, als solche benennen und sich Unterstützung suchen. Durch das Sichtbarmachen wird zugleich das soziale Umfeld darin bestärkt, hinzusehen und den Betroffenen zu glauben, wenn sie es wagen, sich anzuvertrauen.

Sicherheit und Stabilisierung

Der nächste thematische Schwerpunkt, die Förderung von Sicherheit und Stabilisierung, wird nicht nur therapeutisch verstanden. Parallel dazu soll Stabilität in lebenspraktischen Belangen erreicht werden, beispielsweise durch Unterstützung bei Antragstellungen, Wohnungssicherung, aufenthaltsrechtlichen und familienrechtlichen Fragen. Betroffene sollen dazu ermutigt werden, sich zunehmend wieder handlungsmächtig und selbstständig zu erleben und so der erlebten Ohnmacht während der Gewaltsituation etwas entgegenzusetzen. Möchte die betroffene Frau über den Antrag beim Jobcenter sprechen, wird das Verhalten nicht als ein Vermeidungsverhalten in der Therapie gewertet, sondern als ein ebenso gleichwertiges Anliegen wie die Bearbeitung von Flashbacks oder Schlafschwierigkeiten aufgefasst.

Die Reaktionen des sozialen Umfeldes auf die traumatische Erfahrung bestimmen wesentlich die Verarbeitungsmöglichkeiten der Betroffenen mit. Daher sollte auch nach den Reaktionen der Familie, der Freund*innen, von Polizei, Anwält*innen, Ärzt*innen etc. gefragt werden.

Stabilisierungsarbeit im Sinne von Unterstützung bei lebenspraktischen Anliegen kann nur im Rahmen einer interdisziplinären Vernetzung gelingen (▶ Kap. 7). Durch Fortbildungen können die Mitarbeitenden aus anderen Einrichtungen für die Bedarfe der Zielgruppe entsprechend sensibilisiert werden, so dass gewaltbetroffene Frauen dort die nötige Unterstützung erhalten.

Parteilichkeit

Durch Solidarität und Parteilichkeit, ein weiterer thematischer Schwerpunkt, soll das Gefühl wieder gestärkt werden, in der Gemeinschaft und ihren Regeln aufgehoben zu sein, zu vertrauen, sich zugehörig zu fühlen. Parteilichkeit bedeutet folgende Grundhaltung: »Geschlechtsspezifische Gewalt ist ein gesellschaftliches Problem, das jede Frau, jedes Mädchen, jede trans- oder intergeschlechtliche Person treffen kann. Geschlechtsspezifische Gewalt ist Unrecht. Die Schuld für dieses Unrecht liegt bei den Täter*innen« (ebd., S. 56).

Es geht um eine grundsätzliche Positionierung gegen Gewalt und um ein Wissen, wie gesellschaftliche Macht- und Abhängigkeitsverhältnisse Gewalt befördern können. Durch politische Lobbyarbeit werden die ungleichen Geschlechterverhältnisse bekämpft.

Selbstbestimmung

Grundlegendes Ziel der Unterstützungsarbeit ist es, die Würde, Selbstbestimmung und Handlungsfähigkeit der betroffenen Frauen wieder herzustellen, zu fördern und zu stärken, ein weiterer thematischer Schwerpunkt. Betroffene werden dabei als Expert*innen ihrer Erfahrung verstanden. Sie werden in ihren Anliegen ernst genommen und es wird nach individuellen Lösungen gesucht.

Kontextualisierte Traumaarbeit positioniert sich kritisch zu Diagnosen: Es wird anerkannt, dass Diagnosen einerseits dazu beitragen, sich anderen Betroffenen zugehörig zu fühlen, dass sie gegen Isolation helfen und dabei, sich und das Leiden besser zu verstehen. Andererseits können Diagnosen dazu beitragen, dass Gewaltfolgen individualisiert werden, sie als Störungen der einzelnen Person gesehen werden, erneut Opfer erzeugt werden und Täter und die gesellschaftlichen Rahmenbedingungen aus dem Blickfeld gelangen.

Förderung von Selbstbestimmung bedeutet auch, die eigenen Vorannahmen, als Berater*in oder Therapeut*in die eigenen Privilegien und Machtstrukturen selbstkritisch zu hinterfragen und gesellschaftliche Prägungen aufzudecken.

Wissensvermittlung

Eine Wissensvermittlung hinsichtlich Gewalt und deren typischen Folgen für die körperliche und psychische Gesundheit ist ein weiterer Schwerpunkt der Arbeit, der entlastend für Betroffene und Angehörige wirkt und Fachkräfte darin schult, hinzusehen und aktiv zu unterstützen. Die Wissensvermittlung umfasst auch eine Aufklärung über die gesellschaftlichen Machtverhältnisse, in denen Gewalt stattfindet. Damit wird es für betroffene Frauen leichter, die eigene Gewaltgeschichte in einen größeren Zusammenhang einzuordnen. Gewalt wird nicht mehr ausschließlich als eigenes Schicksal oder Unglück gedeutet, sondern als eine Folge der ungleichen Geschlechterverhältnisse. Schuld und Isolation werden geschmälert: Nicht *ich* habe versagt, sondern es betrifft viele.

2.3 Ableitungen für die psychotherapeutische Praxis

In der psychotherapeutischen Arbeit mit Frauen, die von Gewalt betroffen sind und aufgrund dieser Gewalterfahrung psychische Belastungen erleben, ist es wichtig,

- dass der Einfluss von Gender auf therapeutische Prozesse berücksichtigt wird (gendersensibler Ansatz),
- dass die gesellschaftlichen und politischen Kontexte, in denen wir leben, in der Psychotherapie reflektiert werden (feministischer Ansatz),
- dass Gewalt und deren Auswirkungen auf die Psyche benannt werden (gewaltinformierter Ansatz).

Gendersensibler Ansatz

Wie kann der Einfluss von Gender in der psychotherapeutischen Praxis berücksichtigt werden und welche Besonderheiten ergeben sich für die Arbeit mit gewaltbetroffenen Frauen?

Gender umschreibt eine soziale Praxis, kennzeichnet soziale Rollen und ist in sozialen Strukturen verankert.

Bislang werden genderspezifische Aspekte und deren Auswirkungen auf den psychotherapeutischen Prozess wenig beachtet und erforscht. In therapeutischen Aus- und Weiterbildungen wird das Thema kaum berücksichtigt (Bühring, 2022; Sonnenmoser, 2002, 2007). Eine Ausnahme ist Schigl (2021a, b), die sich für einen sozialkonstruktivistischen Zugang eines Doing Gender im psychotherapeutischen Setting einsetzt. Sie plädiert dafür, dass Psychotherapeut*innen zunächst anerkennen, dass Gender überhaupt relevant ist für die psychotherapeutische Arbeit und für eine Bereitschaft, diesen Einfluss (auch auf sich selbst) kritisch zu reflektieren. Ein

Wissen um genderspezifische Lebensrealitäten, den Einfluss von Gender auf Gesundheitsverhalten und -verständnis, auf Berufstätigkeit, Einkommensstruktur, Lebensplanung und die unterschiedlichen Gewaltformen ist hilfreich, um gendersensibel vorgehen zu können. Die Belastungen der Klient*innen werden vor dem Hintergrund ihrer spezifischen Genderzugehörigkeit gelesen, gesundheitsförderliche und krankmachende Gendervorstellungen werden thematisiert und bearbeitet. Schigl verweist auf Resilienzforschung, wonach androgyne Verhaltensweisen widerstandsfähig machen, plädiert für eine kritische Position zu Machtverhältnissen und dafür, die Pole Weiblichkeit und Männlichkeit in Bewegung zu bringen, sowohl auf Seiten des*der Psychotherapeut*in als auch auf Seiten der therapiesuchenden Person.

Gewaltbetroffene Frauen, die sich in einer akuten Krisensituation befinden, in der das Gefühl zu sich selbst und zu anderen erschüttert wurde, sowie Geborgenheit und Sicherheit fehlen, neigen dazu, auf herrschende Normen und Symbole zurückzugreifen, um wieder Halt und Orientierung zu gewinnen. Diese Tendenz nennt Gahleitner (2013) Genderrollenextremisierung. Aufgrund einer genderspezifischen Sozialisation bewältigen männliche Gewaltbetroffene eher instrumentell und fremdaggressiv, Frauen hingegen eher emotional-expressiv, autoaggressiv und im sozialen Verbund. Dieses genderspezifische Bewältigungsmuster wird in Zusammenhang gebracht mit der hohen Wahrscheinlichkeit für Frauen, eine Reviktimisierung zu erfahren (Russel, 1986), und für Männer, Täteranteile zu entwickeln (Rossilhol, 2002). Als gesundheitsfördernd gilt hingegen, wenn zunehmend androgyne Bewältigungsmöglichkeiten zur Verfügung stehen statt ausschließlich gendertypischer Verhaltensweisen, die Rollenstereotype bedienen und reproduzieren (Gahleitner, 2013). Die Beförderung flexibler, zunehmend androgyner Bewältigungsstrategien wird zur therapeutischen Aufgabe.

Feministischer Ansatz

Was zeichnet eine feministische Psychotherapie aus und welche Aspekte sind in der Arbeit mit gewaltbetroffenen Frauen wichtig zu berücksichtigen? Welche Herausforderungen entstehen?

Auch die feministische Psychotherapie zielt darauf ab, die Handlungs- und Erlebnisweisen sowie die Ausdrucksformen aller Geschlechter zu erweitern (Zehetner, 2015, 2018). Basis ist eine gesellschaftskritische Haltung, die hinterfragt, dass Frauen pathologisiert werden und Leiden als individueller Ausdruck verstanden wird:

> »Eine feministische Haltung stellt – wie andere kritische Positionen – die Dichotomie Gesundheit – Krankheit infrage: Krank macht die Anpassung an überfordernde Verhältnisse und widersprüchliche Rollenerwartungen. Krankheit als Verweigerung von Anpassung kann dagegen ein Zeichen psychischer Gesundheit sein« (Zehetner, 2015, S. 12).

Werden gesellschaftliche und geschlechtsspezifische Normen und ihre Selbstverständlichkeiten hinterfragt, können sie verändert werden und androgynes Verhalten gefördert werden, was gesundheitsfördernd für alle Geschlechter ist.

Zentrales Ziel der feministischen Therapie ist Empowerment, die Selbstermächtigung. Es geht eher um die Herstellung von Kompetenz statt um die Beseitigung von Symptomen. In der feministischen Psychotherapie werden Symptome als Formen des Überlebens und Widerstands gedeutet, als ein Aufbegehren gegen krankmachende Strukturen, in denen die Person lebt. Betroffene werden als Expert*innen aus Erfahrung gesehen, was Auswirkungen auf die therapeutische Beziehung hat (▶ Kap. 5).

McEvoy und Ziegler (2006) wenden einen feministischen Ansatz auf die Arbeit mit gewaltbetroffenen Frauen an und betonen folgende Punkte:

- Frauen sind strukturell bedingt vermehrt von Gewalt betroffen. Man sollte die Auswirkungen und Dynamiken von Gewalt kennen. Damit steht nicht mehr das Leid des Individuums im Fokus, sondern es wird eingebettet in eine machtkritische Analyse von Unterdrückung durch verschiedene Diskriminierungsachsen wie ethnische Herkunft, Alter, sozioökonomischer Status usw.
- Priorität hat die Sicherheit von Frau und Kindern.
- Die Verantwortung für die Gewalt liegt immer bei der gewaltausübenden Person. Der Frau wird keine Schuld zugeschrieben. Eine Beschämung der Frau soll vermieden werden.
- Die Gewalterfahrungen der Frau werden validiert. Ihre Expertise wird wertgeschätzt und respektiert und als gleichwertig zu den Erfahrungen der Berater*innen oder Therapeut*innen angesehen, um ein möglichst egalitäres Verhältnis in der Beziehung herzustellen.
- Wichtig ist ein nicht wertender Ansatz.
- Die Bedürfnisse und die Selbstbestimmung der Frau stehen im Mittelpunkt.
- Empowerment-Arbeit bedeutet auch, dass die Kontrolle über das eigene Leben und über den Beratungs- und Therapieprozess gefördert wird. Der therapeutische Prozess soll entmystifiziert werden. Es wird aufgeklärt über Symptome, über therapeutische Techniken und Dauer der Therapie. Diagnosen werden abgelehnt und Beschwerden entpathologisiert. Anstatt Defizite abzubauen, werden Ressourcen gestärkt.

Es bestehen gewisse Herausforderungen bei einer feministischen Psychotherapie. Der Anspruch, Hierarchien abzubauen und ein egalitäres Verhältnis in der Therapie herstellen zu wollen, kann zu unklaren Rollen führen. Auf Seiten des*der Berater*in kann es den Impuls begünstigen, retten zu wollen beziehungsweise sich als Elternteil für ein verletztes Kind zu fühlen. Ein feministischer Ansatz kann den Blick auch dafür verschließen, dass auch Frauen Gewalt ausüben, was zu Schuld und Scham führt und im therapeutischen Raum besprochen und bearbeitet werden sollte.

Nachfolgend wird beschrieben, wie die psychotherapeutische Praxis durch die Berücksichtigung eines gewaltinformierten Ansatzes hilfreiche Impulse erhalten kann, der in den WHO-Leitlinien (2022a, b) zur Versorgung von Frauen, die von Partnerschaftsgewalt und/oder sexualisierter Gewalt betroffen sind, beschrieben wird.

Gewaltinformierter Ansatz

Die WHO (2022b) empfiehlt, dass Frauen, die bereits eine bestehende psychiatrische Diagnose haben und Partnerschaftsgewalt erleben, eine leitlinienkonforme Behandlung von Fachpersonen erhalten, die fundiertes Wissen im Bereich Gewalt gegen Frauen verfügen (Empfehlung 5). Folgestörungen und ihre Symptome sollten in den drei Monaten nach Beendigung von Partnerschaftsgewalt aktiv erfragt (Empfehlung 28) und mit evidenzbasierten Interventionen behandelt werden (Empfehlungen 26 und 27). Ein sogenanntes *watchful waiting* wird nur bei symptomfreien Betroffenen empfohlen (Empfehlung 25). Gesundheitsfachkräfte sollen sich der geschlechtsspezifischen und menschenrechtlichen Dimension der Gewalt gegen Frauen bewusst sein.

Die WHO (2022a, b) empfiehlt, dass Gesundheitsfachkräfte darin geschult sind, wie sie nach Gewalt fragen können und dass sie über regionale Hilfsangebote informiert sind. An vorderster Stelle steht, die Sicherheit der Frau und die ihrer Kinder abzusichern (▶ Kap. 4). Die Frau sollte zu ihrer Gewalterfahrung befragt werden, ohne bedrängt zu werden. Dies umfasst, eine wertfreie, unterstützende und bestätigende Haltung gegenüber dem Bericht der Frau einzunehmen. Es bedeutet auch, zuzuhören, Sorgen herauszufinden, zu validieren, praktisch zu unterstützen, ohne dabei aufdringlich zu sein und die Wünsche der Frau zu respektieren. Das hat zur Folge, ein Nein zu respektieren, wenn die Frau die Gewalt (zunächst) verleugnet. Sie soll über mögliche Unterstützungswege informiert werden, einschließlich rechtlicher Belange. Soziale Unterstützung soll vermittelt werden, das Gefühl, mit anderen verbunden zu sein, gefördert und Handlungsoptionen ausgelotet werden. Die Fachkraft soll die Frau in ihrer Entscheidungsfindung unterstützen. Eine Aufklärung über die Schweigepflicht und Grenzen dieser soll erfolgen.

Zusammenfassend werden folgende fünf Aufgaben vorgeschlagen, die sich in dem Akronym LIVES zusammenfassen lassen (WHO, 2022a).

- **L**isten (Zuhören): empathisches Zuhören, ohne zu verurteilen
- **I**nquire about needs and concerns (Bedürfnisse und Sorgen erfragen): es sollten emotionale, körperliche, soziale und praktische Belange unterschieden und dabei geholfen werden, diese zu bewältigen
- **V**alidate (Bestätigen): Verständnis zeigen, vermitteln, dass die Betroffene keine Schuld an der Gewalt hat und ihr geglaubt wird
- **E**nhance Safety (Sicherheit erhöhen): einen Sicherheitsplan aufstellen, einschließlich dem, was getan werden kann, wenn Gewalt erneut auftritt
- **S**upport (Unterstützen): Betroffene darin unterstützen, Informationen zu erhalten und Kontakt zu weiterführenden Hilfen herzustellen

Der S.I.G.N.A.L.-Leitfaden stellt ebenfalls eine Orientierung für den Umgang mit gewaltbetroffenen Frauen dar und steht für folgende Schritte (vgl. Hellbernd et al., 2004):

- **S**etzen Sie ein Signal: Sprechen Sie die Klientin an
- **I**nterview mit konkreten, einfachen Fragen

- **G**ründliche Untersuchung alter und neuer Verletzungen
- **N**otieren und dokumentieren aller Ergebnisse und Antworten
- **A**bklären des aktuellen Schutzbedürfnisses der Klientin
- **L**eitfaden über Hilfsangebote und Notrufnummer geben

Der Ansatz wurde im Kontext von Rettungsstellen im Krankenhaussetting entwickelt. Für den psychotherapeutischen oder psychosozialen Bereich ist daher der Punkt *gründliche Untersuchung alter und neuer Verletzungen* weniger zentral.

Gemeinsamkeiten und Unterschiede zwischen kontextualisierten und traumatherapeutischen Ansätzen

Beide Positionen deuten Symptome als Überlebensstrategien und zunächst als nicht pathologisch. Symptome sollen normalisiert werden durch Wissensvermittlung, damit Kontrolle über die Symptome und das Leben wieder hergestellt werden kann. Unterstützung und Verbundenheit werden als heilend begriffen. *Verstummte* Anteile sollen zum Reden gebracht werden, Zeugnis abgelegt werden und eine klare Positionierung gegen Gewalt und eine Verantwortungszuschreibung zum Gewaltausüber stattfinden.

Zentrale Unterschiede bleiben darin bestehen, dass kontextualisierte Ansätze Gewalt eher in gesellschaftlichen Diskriminierungserfahrungen einbetten. Sie bleiben kritisch bis ablehnend gegenüber der *Diagnose* PTBS/kPTBS sowie gegenüber den Möglichkeiten einer psychopharmakotherapeutischen Behandlung (vgl. McEvoy & Ziegler, 2006). Kontextualisierte Ansätze berücksichtigen innere und äußere Sicherheit gleichermaßen und räumen der Sicherheitsplanung Vorrang ein. Traumafokussierte Verfahren hingegen betonen die Herstellung der inneren Sicherheit und fassen eine fehlende äußere Sicherheit beziehungsweise einen fortbestehenden Täterkontakt als relative Kontraindikation für traumafokussiertes Arbeiten auf (Ennis, Sijercic & Monson, 2021).

3 Besonderheiten in der Diagnostik

Um Fehldiagnosen und darauf aufbauende Fehlbehandlungen zu vermeiden, muss Gewalt diagnostisch berücksichtigt werden. Wie aber kann aktuell vorliegende und zurückliegende Gewalt erkannt und besprechbar gemacht werden vor dem Hintergrund, dass 40 bis 50 % der gewaltbetroffenen Frauen angeben, noch nie über erlittene Gewalt gesprochen zu haben (Schröttle et. al., 2004)? Welche Alarmsignale deuten auf das Vorliegen von Gewalt hin? Sollten alle Klient*innen nach Gewalterfahrungen befragt werden oder nur diejenigen gezielt, bei denen ein Anfangsverdacht besteht? Welche Hürden erschweren ein Gespräch über die Gewalt? Warum ist eine genaue Erfassung von Ressourcen bei der Zielgruppe zentral und wie kann diese erfolgen? Was gibt es bei der Diagnostik zu berücksichtigen, wenn die Gewalt andauert und was für Folgen hat das für die Therapieplanung? Im vorliegenden Kapitel werden mögliche Antworten auf die eben aufgeworfenen Fragen gesucht.

Zur spezifischen Diagnostik von traumatischen Ereignissen und Traumafolgebelastungen wird auf Gysi (2022) und Schellong, Schützwohl, Lorenz und Trautmann (2019) verwiesen. Dort werden die verschiedenen klinischen Erhebungsinstrumente und deren Anwendung ausführlich dargestellt sowie differentialdiagnostische Fragen behandelt.

3.1 Gewalt erkennen und enttabuisieren

Es gibt verschiedene Alarmsignale oder sogenannte *red flags*, die darauf hinweisen, dass Gewalterfahrungen vorliegen (vgl. WHO, 2022a, b; Black, 2011; Hellbernd et al., 2004):

Werden Symptome von Depression, Angst, PTBS sowie Schlafstörungen und Albträumen berichtet, wird eine Suizidgefährdung oder selbstverletzendes Verhalten offensichtlich, ist der Konsum von Alkohol und anderen Rauschmitteln auffällig, bestehen ungeklärte chronische gastrointestinale Symptome oder wird von erheblichen kognitiven Problemen (wie Erinnerungslücken und Konzentrationsproblemen) berichtet, so kann das auf Partnerschaftsgewalt hinweisen. Auch das wiederholte Aufsuchen der Gesundheitsversorgung, ohne dass eine eindeutige Diagnose vorliegt, sowie die Begleitung durch aufdringliche Partner beziehungsweise Ehemänner müssen hellhörig machen. Weitere Verdachtshinweise können sich ergeben aus folgenden Beobachtungen: Schreckhaftigkeit und Angst, starke

Nervosität und Herzrasen, Gefühle der Sinnlosigkeit und Hoffnungslosigkeit, quälende Erinnerungen oder Bilder, die sich aufdrängen, Appetitlosigkeit, starke Müdigkeit, verstärktes Bedürfnis nach Alkohol oder Beruhigungsmitteln, Suchtprobleme und Medikamentenmissbrauch, generalisierte Schmerzen, beunruhigende Körperwahrnehmungen.

Generelles Screening oder gezieltes Nachfragen?

Sollten nur die Personen, bei denen ein Anfangsverdacht besteht, nach Gewalt befragt werden, oder alle Personen im Sinne eines generellen Screenings?

Manche Fachkräfte sprechen sich dafür aus, dass routinemäßig alle Frauen nach häuslicher Gewalt befragt werden sollten. Durch Früherkennungsmaßnahmen (Screenings) können Frauen, die sonst nichts sagen würden, dazu ermutigt werden, über die Gewalt zu reden beziehungsweise ihre eigene Erfahrung als Gewalt überhaupt erst zu erkennen. Andere Fachkräfte führen an, dass ein solches Screening nur gezielt bei Risikogruppen durchgeführt werden sollte, zum Beispiel bei schwangeren Frauen, die zur Vorsorgeuntersuchung kommen. Zu diesem Ergebnis kommt ein Cochrane Review aus dem Jahr 2015 (O'Doherty, Hegarty, Ramsay, Davidson, Feder & Taft). Auch die WHO (2022b) weist darauf hin, dass durch ein generelles Screening zwar die Erkennungsrate verbessert wird, aber dies nicht unbedingt dazu führt, dass die Gewalt reduziert wird, und auch nicht dazu, dass sich der gesundheitliche Zustand der Frau erkennbar verbessert. Allerdings wird auf Folgendes hingewiesen:

> »Es gibt starke Evidenz für einen Zusammenhang zwischen Gewalt in Paarbeziehungen und psychischen Störungen bei Frauen. Frauen mit psychischen Symptomen oder Störungen (Depression, Angst, PTBS, selbstverletzendes Verhalten, Suizidversuche) können im Rahmen von klinischer ›good practice‹ nach Gewalt in Paarbeziehungen gefragt werden, insbesondere da dies ihre Behandlung und Versorgung beeinflussen kann« (ebd., S. 20).

Insofern wird empfohlen, dass nach Partnerschaftsgewalt gefragt wird, wenn eine Frau in psychotherapeutischer Behandlung ist.

Ein routinemäßiges Screening nach Gewalt trägt dazu bei, dass die Problematik entindividualisiert wird und ein Sprechen über Gewalt gegen Frauen normalisiert wird. Viele Betroffene wünschen sich, von Fachkräften angesprochen zu werden mit der Grundhaltung, dass alles gesagt werden darf, dass das Gegenüber sie (aus-)halten kann. Eine routinemäßige Erhebung von Gewalterfahrungen empfiehlt sich auch, um eine angemessene Einschätzung der aktuellen Sicherheitslage machen zu können (vgl. McCloskey & Grigsby, 2005; ▶ Kap. 4).

Sprachlosigkeit

Wieso fällt es so schwer, dem Tabuthema Partnerschaftsgewalt im psychotherapeutischen Setting Raum zu geben?

> »Ich höre: ›Die Frauen müssen sich anvertrauen, sie müssen über die Gewalt sprechen!‹ Wie denn? Wenn man sie, sobald sie es wagen, brandmarkt: Als unselbstständig. Gescheitert. Als schadhaft. Wenn man ihnen, aller internationalen Forschung und Erkenntnisse zum Trotz, noch immer die Schuld an der erlebten Gewalt gibt. In Deutschland ist das weiterhin Alltag« (Joel, 2022, S. 5 – Sichtweise einer Betroffenen).

Diese (realen) Befürchtungen tragen unter anderem dazu bei, dass es so schwierig ist, mit einer außenstehenden Person über die Übergriffe, Demütigungen und Gewalt zu sprechen. Betroffene Frauen haben gute Gründe, warum sie (noch) nicht, darüber sprechen können und wollen (vgl. RKI, 2008, Hellbernd et al., 2004):

- Versuch, die Gewalt nicht wahrhaben zu wollen
- Gefühl der Mitverantwortung für Gewalt
- Scham
- Geringes Selbstwertgefühl und Selbstvertrauen sowie Resignation
- Angst davor, dass das Gegenüber unsensibel reagiert oder keine Zeit hat
- Angst, das Gegenüber zu überfordern
- Angst, nicht verstanden zu werden
- Angst vor Verurteilung, wenn Ratschläge nicht angenommen werden
- Angst vor einer Eskalation der Gewalt und weiterer Gefährdung
- Angst, dass Polizei/Behörden gegen den Willen informiert werden

Auch Fachkräfte haben Hemmungen, das Thema Partnerschaftsgewalt offen anzusprechen. Sie geben an, sich nicht ausreichend qualifiziert oder kompetent bei dem Thema zu fühlen, zu wenig darüber zu wissen, welche regionalen Unterstützungsangebote hinzugezogen werden können und die Angst davor, dass die Zeit nicht ausreicht, wenn das Thema erst einmal im Raum steht, die Angst zu retraumatisieren (ebd.).

> Therapeut*innen sollten proaktiv nach traumatischen Erfahrungen fragen und einen Raum eröffnen, weil Betroffene selten spontan selbst davon berichten. Ein Nicht-Fragen kann als ein Desinteresse verstanden werden. Es wiederholt sich das, was in der Ursprungsfamilie und/oder dem sozialen Umfeld bereits erlebt wurde, nämlich dass die Gewalt verleugnet, verschwiegen und damit gedeckt wird (vgl. Reddemann & Wöllner, 2017).

3.2 Gewalt besprechen

Wie genau kann Gewalt in der therapeutischen Praxis besprochen werden? Dieser Abschnitt beginnt mit allgemeineren Hintergrundinformationen und führt dann konkrete Formulierungshilfen an, die als Orientierung für ein Gespräch über das Thema genutzt werden können.

Rahmenbedingungen für ein Gespräch über Gewalt

Werden Betroffene direkt nach der Gewalt gefragt, verleugnen sie sie nicht selten, vor allem am Anfang einer therapeutischen Beziehung. Daher ist es hilfreich, auch im späteren Prozess wieder nach dem Vorliegen von Gewalt zu fragen, wenn eine vertrauensvolle Beziehung aufgebaut worden ist. Zum Beispiel bietet es sich an, danach erneut zu fragen, wenn die Frau im Rahmen der Therapie ihre Partnerschaft thematisiert. Wichtig ist, dass sie sich ausreichend sicher fühlen kann, um über die erlebte Gewalt sprechen zu können. Sie muss das Gefühl haben, mit den Schamgefühlen und anderen belastenden Gefühlen, die beim Sprechen über Gewalt auftreten, umgehen zu können. Erst dann wird ein offenes Gespräch möglich sein (Bogat et al., 2018).

Um die therapeutische Beziehung zu stärken beziehungsweise um eine sichere und störungsfreie Gesprächsatmosphäre herzustellen, sollte das besondere Kontrollbedürfnis der Betroffenen berücksichtigt werden. Das ist besonders wichtig, da im Zuge von interpersonellen Traumatisierungen die Vertrauensfähigkeit belastet ist, was die Erhebung erschwert. Gemeinsam können folgende Aspekte vorab besprochen werden (Knaevelsrud, Bering & Rau, 2019; Reddemann & Wöller, 2017):

- Wie groß sollte der räumliche Abstand zwischen Therapeut*in und Betroffener sein?
- Soll die Tür offen oder geschlossen sein?
- Soll eine Vertrauensperson zu Beginn mit anwesend sein, um besser in der Therapie anzukommen?
- Sollen bestimmte Auslösereize aus der Gesprächssituation entfernt werden?

Die Frau soll die Kontrolle über die Erzählung behalten und jederzeit unterbrechen können. Manchmal reicht es aus, dass sie eine *Überschrift* für das Erlebte benennt, ohne ins Detail zu gehen, um eine potenzielle Retraumatisierung zu vermeiden. Es kann hilfreich sein, dazu aufzufordern, möglichst abstrakt und stichwortartig mögliche Traumata zu benennen und bewusst eine emotional distanzierte Haltung einzunehmen, um die Person vor einer Überflutung zu schützen.

Je nach Stabilität und Situation ist es wichtig, dass der*die Therapeut*in darauf achtet, tiefergehende Berichte über die Gewalterfahrung zu stoppen, und nicht darauf insistiert, alles zu erzählen. Im Gegenteil, es kann hilfreich sein, zu begrenzen. Dabei ist es wichtig zu kommunizieren, warum zum jetzigen Zeitpunkt noch keine ausführliche Darstellung der Gewalterfahrung sinnvoll ist. Der*die Therapeut*in sollte vermitteln, dass er*sie diese hören möchte, sobald die Beziehung stabil und sicher genug ist, um eine Retraumatisierung zu vermeiden (vgl. McEvoy & Ziegler, 2006). Das bedeutet nicht, dass dem*der Therapeut*in das Leid nicht bewusst oder gar egal ist, sondern im Gegenteil, dass er*sie auf das Wohlergehen der Frau achtet, bis sie ausreichend Regulierungsfähigkeiten hat, um mit dem Belastungserleben umzugehen. Wird zu sehr darauf beharrt, dass detailliert beschrieben wird, kann sich dies negativ auf die Therapie- und Beziehungsgestaltung auswirken (Knaevelsrud et al., 2019).

Formulierungshilfen für ein Gespräch über Gewalt

Nachfolgend werden verschiedene Formulierungshilfen vorgestellt, um aktuelle Gewalt und Gewalt im Lebensverlauf zu erfragen (vgl. Gysi, 2022; WHO, 2022a; McCloskey & Grigsby, 2005). Dabei ist der Begriff der *Auseinandersetzungen* niedrigschwelliger als *Gewalt*. Es ist hilfreich, mit Beispielen und Erklärungen zu arbeiten. Betroffene können Gewalt als normal erleben und sie deshalb nicht als solche definieren.

Einleitend kann das Gespräch wie folgt auf das Thema gelenkt werden: »Viele Frauen haben Probleme mit ihrem (Ex-)Ehemann oder (Ex-)Partner. Ich werde Ihnen jetzt verschiedene Fragen dazu stellen und Sie sagen Stopp, wenn es Ihnen zu viel wird.«

Bei ausreichender Stabilität der Frau kann konkret wie folgt weiter nachgefragt werden:

- Wie fangen Auseinandersetzungen/Streitereien normalerweise an?
- Während der letzten Auseinandersetzung, wo waren Sie? (Wo standen Sie, wo war Ihr (Ex-)Partner?)
- Wie lange hat die Auseinandersetzung angedauert?
- Wie hat sie geendet?
- Was ist passiert, als sie vorbei war?
- Während der Auseinandersetzung, hat Ihr (Ex-)Partner jemals...?
    - Es können folgende Gewaltbeispiele vorgelesen werden: (mit einem Gegenstand) geschlagen, getreten, gebissen, geschubst, an den Haaren gezogen, den Arm verdreht, Gegenstände zerstört, Kleidung zerrissen, mit Essen geworfen, mit der Faust auf eine Wand geschlagen, eine Tür eingetreten, gewürgt, eine Waffe/ein Messer benutzt, sexuelle Handlungen erzwungen, gedroht, zu schlagen, gedroht, zu töten, Kinder bedroht oder ihnen geschadet, Haustiere bedroht oder ihnen geschadet, andere bedroht, Suizid angedroht
- Wurden Sie zu Dingen gezwungen, die Sie nicht wollten? Zum Beispiel zu Geschlechtsverkehr, wenn Sie keinen wollten?
- Werden Sie manchmal erpresst und/oder bedroht?
- Werden Sie beleidigt und/oder beschimpft?
- Werden Sie kontrolliert (wann Sie was machen, wohin Sie mit wem gehen)?
- Versucht Ihr (Ex-)Partner zu verhindern, dass Sie Geld haben oder dass Sie aus dem Haus/der Wohnung gehen?
- Hat Ihr (Ex-)Partner Zugriff auf Ihr Handy?
- Werden Sie gestalkt (auch im Netz)?
- Fühlen Sie sich zu Hause/am Arbeitsplatz/unterwegs/in der Öffentlichkeit sicher?
- Haben Sie manchmal Angst vor Ihrem (Ex-)Partner aufgrund von Drohungen und/oder Gewalt?
- Haben Sie manchmal Angst um Ihre Kinder/Bekannten/Freund*innen/Angehörigen aufgrund von Drohungen und/oder Gewalt?
- Haben sich die Auseinandersetzungen in den vergangenen Monaten verändert?

- Steht eine schwierige Situation mit erhöhtem (Gewalt-)Risiko bevor (zum Beispiel Familienfest, Gerichtstermin, Umgangstermine…)?
- Wann hat eine Auseinandersetzung/Streiterei das letzte Mal stattgefunden?

Es ist zu berücksichtigen, dass viele Täter emotionale Gewaltformen einsetzen, um Kontrolle auszuüben. Kinder, Familienmitglieder oder Haustiere werden bedroht. Die Betroffenen glauben diesen Drohungen im Verlauf der Beziehung (unter anderem da sie bereits in der Vergangenheit umgesetzt wurden). Es entsteht ein Klima der Angst, der Entmündigung und es erübrigt sich, dass die körperliche oder sexualisierte Gewalt ausgeführt werden muss.

Wenn alle Gewaltbeispiele negiert werden, sollte der*die Therapeut*in danach fragen, ob so etwas in der aktuellen Beziehung jemals aufgetreten ist oder ob so etwas in vergangenen Beziehungen jemals der Fall war. Je länger eine Frau in Gewaltbeziehungen lebt, desto schwieriger kann es therapeutisch sein, eine Ablösung hiervon zu begleiten (Bogat et al., 2013). Daher sind diese Informationen über Gewalt im Lebensverlauf hilfreich, um den therapeutischen Prozess zu planen.

Es sollte auch nach Gewalt in der Kindheit gefragt werden. Familiäre Gewalterfahrungen sind ein starker Prädiktor für sowohl die Gewaltausübung als auch das Erleiden von Gewalt im Erwachsenenalter (vgl. Schwarz, 2022b).

Partnerschaftsgewalt kann bereits in der Jugend in den ersten Beziehungen beginnen, was unter dem Begriff *dating violence* gefasst wird. Findet Gewalt in dieser Phase statt, können wichtige Entwicklungsaufgaben wie Identitätsbildung, das Erleben von Handlungsfähigkeit und die Entwicklung und die Stärkung von Selbstwert durch das erneute Gewalterleben beeinträchtigt werden.

> »Man behält diese Einstellung, dass man weniger wert ist, eben auch oft und lässt sich dann eben ausnutzen und ich kenne das ja selber, man kann nicht wirklich viel dagegen tun, gegen dieses Gefühl. (Jugendliche, 17 Jahre).
>
> Und heutzutage hab ich auch immer das Gefühl […] ich such das auch. Also dieses, dass er über mir steht und dass ich mich so um ihn kümmern kann, dass er mir Sachen verbietet. […], dass man das irgendwie immer noch sucht, weil man das so von Zuhause kennt und irgendwie will man da aber auch so nicht sein, aber irgendwie kennt man nichts anderes und das ist halt schwierig. (Jugendliche, 19 Jahre)« (Quinten, 2022, S. 4).

Die Fragen nach Gewalterfahrung sollten im Gespräch gestellt werden und nicht in schriftlicher Form erfolgen, um der Betroffenen zu erleichtern, sich zu öffnen. Auch aus Sicherheitsgründen sollten keine schriftlichen Fragen zuhause aufbewahrt werden, die der Partner finden könnte.

Strafrechtliche Besonderheiten

In Bezug auf laufende oder in Zukunft stattfindende Strafverfahren ist es wichtig, dass alles sehr genau dokumentiert wird, was in unmittelbarem Zusammenhang mit der Gewalterfahrung steht. Der*die Therapeut*in sollte das Gesagte möglichst wortgetreu festhalten und Suggestivfragen unbedingt vermeiden. Wenn es möglich ist, sind Tonaufnahmen am besten geeignet. In Strafverfahren, in denen die Aussage der Betroffenen das einzige Beweismittel ist, wird das Gericht kritisch prüfen, inwiefern die Aussage auf Falschbeschuldigungen oder auf Scheinerinnerungen basieren kann. Wurde zu Beginn einer Therapie noch keine oder keine vollständige Aussage bei der Strafverfolgungsbehörde gemacht, wird der mögliche Einfluss der Therapie auf die Aussage und die Erinnerung geprüft werden. Ist der Fokus der Therapie auf Stabilisierung gerichtet, wird in der Regel kein relevanter Einfluss auf die Erinnerung angenommen. Wird traumakonfrontativ gearbeitet, wie dies in der traumafokussierten kognitiven Verhaltenstherapie oder bei der EMDR der Fall ist, können Einflüsse der Therapie auf die Erinnerung und die Darstellung dieser vom Gericht unterstellt werden.

> Es sollte eine sehr genaue Dokumentation von denjenigen Stunden erfolgen, in denen tatrelevante Aspekte besprochen werden (vgl. Schemmel & Volbert, 2021). Betroffene sollten darüber aufgeklärt werden, dass ihre Glaubwürdigkeit vor Gericht bei traumafokussierter Therapie angezweifelt werden kann. Eine anwaltliche Beratung ist dringend zu empfehlen (Stand & Sachsse, 2018).

Weiß man als Therapeut*in von der aktuell vorliegenden Gewalt, ist es wichtig eine Einschätzung zu erhalten, wie sicher die Frau beziehungsweise ihre Kinder sind. Wie die Themen Schutz und Sicherheit im psychotherapeutischen Raum besprochen werden können, wird in Kapitel 4 weiter ausgeführt.

3.3 Diagnostische Überlegungen

In diesem Abschnitt wird beschrieben, warum es wichtig ist, bei andauernder Gewalt eine umfassende Ressourcendiagnostik vorzunehmen und wie diese erfolgen kann. Anschließend wird das Konzept der Belastungsstörung bei anhaltender Gewalt vorgestellt. Es folgen Ableitungen für die Therapieplanung, die sich aus der Arbeit mit gewaltbetroffenen Frauen ergeben.

Ressourcendiagnostik

Aktuell andauernde Gewalt kann die psychische Gesundheit auf vielfältige Weise belasten (▶ Kap. 1). Umso wichtiger ist es daher, die Ressourcen umfassend zu erheben, um die Handlungsfähigkeit von Betroffenen zu stärken (vgl. Gysi, 2022). Wie konnten Betroffene trotz aller Widrigkeiten ihr Leben bislang bewältigen? Welche Ressourcen können genutzt werden, wenn Belastungen im Rahmen einer Psychotherapie auftreten? Gysi schlägt vor, eine Diagnostik der sozialen sowie der persönlichen Ressourcen und der Bewältigungsstrategien detailliert vorzunehmen.

Warum ist es wichtig, die sozialen Ressourcen zu erheben? Sehr häufig werden Frauen in einer Gewaltbeziehung über die Zeit hinweg isoliert – von Arbeitskolleg*innen, Freund*innen, Familie. Laut Forschung haben Frauen mit wenig sozialer Unterstützung ein höheres Suizidrisiko. Auch die Gefahr, zum gewalttätigen Partner zurückzukehren, ist erhöht (Herman, 2019; Coker, Smith, Thompson, McKeown, Bethea, Davis, 2002). Soziale Unterstützung hingegen kann Stress und das psychologische Funktionsniveau positiv beeinflussen (Machisa, Christofides & Jewkes, 2018), ein wichtiger Resilienzfaktor für die psychische Gesundheit auch nach dem Ende der Beziehung. Denn auch wenn die Gewalt bereits vorbei ist, können Stressoren in der aktuellen Lebenssituation die psychische Gesundheit stark beeinträchtigen (Bogat et al., 2013).

Ausschlaggebend ist die Qualität des sozialen Unterstützungssystems (vgl. Gysi, 2022):

- Kann die betroffene Frau sich mit ihrer Gewalterfahrung anderen anvertrauen?
- Wie hat das Umfeld auf diese Öffnung reagiert? Eine empathische Reaktion verringert die negativen psychischen Gesundheitsfolgen.
- Inwiefern sind die Beziehungen gekennzeichnet durch Zuwendung, Anerkennung und Wertschätzung?
- Inwiefern erfolgt eine praktische oder instrumentelle Unterstützung, eine informative, orientierende und/oder emotional ermutigende Unterstützung im Umgang mit den verschiedenen Lebensanforderungen? Wo findet diese Unterstützung statt, in der Familie, der aktuellen Partnerschaft, im Freundeskreis, in sozialen Gemeinschaften und Netzwerken?
- Welche Möglichkeiten zur Teilhabe an soziokulturellen und sozialstaatlichen Ressourcen existieren (zum Beispiel Bildung, Kultur, gesundheitliche und soziale Unterstützungsleistungen)?
- Besteht eine Anbindung an Selbsthilfegruppen? Ist Peer-Support vorhanden?

Zu einer persönlichen Ressourcendiagnostik gehören Fragen nach den Fähigkeiten und den Umgangsmöglichkeiten mit Belastungen in der Vergangenheit und mit aktuellen Herausforderungen. Die folgenden Fragen können Betroffenen helfen, eigene Stärken vermehrt wahrzunehmen (vgl. Gysi, 2022):

- Worauf sind Sie neugierig, was möchten Sie in Zukunft einmal ausprobieren? Beispielsweise Musik machen, sich handwerklich ausprobieren?
- Welche positiven Vorstellungen wurden bislang genutzt, welche können ausprobiert werden?
- Welche positiven Erinnerungen an Menschen gibt es?
- Können Naturerfahrungen und Lieblingsorte wie Berge, Seen, Strände, Städte genutzt werden?
- Inwiefern können Fähigkeiten wie Ausdauer, Geduld und Flexibilität gestärkt werden?
- Inwiefern ist eine Haltung von Selbstakzeptanz und Mitgefühl vorhanden?
- Inwiefern kann die Fähigkeit zum Entspannen eingesetzt werden?
- Inwiefern kann die Fähigkeit, sich um den Körper zu sorgen, verfestigt werden?
- Inwiefern können Religion und Spiritualität wertvoll sein?
- Inwiefern sind Tiere vorhanden beziehungsweise positiv konnotiert?

Welche Bewältigungsressourcen bringt die Frau mit? Welche Lösungswege wurden bereits ausprobiert in der Vergangenheit? Folgende Aspekte können dabei berücksichtigt werden (vgl. Gysi, 2022):

- Ein (Grund-)Vertrauen in die eigenen Fähigkeiten
- Die Erfahrung, die eigene Handlungsfähigkeit auch in Notsituationen beibehalten zu können
- Eine Kreativität bei der Lösungssuche und eine Flexibilität bei Reaktionen
- Eine Beharrlichkeit oder ein ausdauerndes Festhalten an Zielen
- Die Fähigkeit zur Ablenkung in Notsituationen
- Die Fähigkeit, sich selbst trösten zu können
- Achtsamkeit
- Die Wahrnehmung des Körpers und der eigenen Gefühle
- Die Suche nach Verbündeten

Belastungsstörung bei anhaltender Traumatisierung

Was ist über eine umfassende Ressourcendiagnostik hinaus bei der Diagnostik und Therapieplanung zu berücksichtigen, wenn die Gewalt andauert?

Wenn die Gewalt andauert, ist der Begriff einer *post*-traumatischen Belastungsstörung nicht passend. Das Trauma liegt nicht in der Vergangenheit. Der therapeutische Fokus sollte nicht auf eine Aufarbeitung, sondern auf konkrete Schutzmaßnahmen in der Gegenwart gelenkt werden. Wenn ein traumatisches Ereignis durchgearbeitet wird, das nicht in der Vergangenheit liegt, sondern mit einer hohen Wahrscheinlichkeit erneut stattfinden wird, kann eine Konfrontationsbehandlung nachteilige Effekte haben (vgl. Warshaw, Sullivan & Rivera, 2013). Dieser Umstand wird weder in der ICD-11 noch in der DSM-5 berücksichtigt. Deswegen hat Gysi (2022) die Belastungsstörung bei anhaltender Traumatisierung, die BSAT, beschrieben. Sie ist einer PTBS oder komplexen PTBS ähnlich, unterscheidet sich aber auch in einigen Aspekten wie folgt:

- **Intrusionen:** Diese beziehen sich nicht nur auf vergangene traumatische Ereignisse, sondern sie können auch als Warnhinweise auf bevorstehende Risikosituationen verstanden werden.
- **Hyperarousal:** Auch hier kann sich der chronisch überhöhte Erregungszustand auf mögliche Gefahren in der Gegenwart beziehen, auf die Stimmung des Partners oder auf die Schritte des sich nähernden Partners. Das Hyperarousal stellt eine erlernte Reaktion auf Täterreize dar und trägt dazu bei, die betroffene Frau zu schützen.
- **Anhaltende traumatische Vermeidung:** Eine anhaltende traumatische Vermeidung kann ein Überlebensmechanismus sein. Dieser Mechanismus kann auch bedeuten, dass Gewalt in der Therapie (zunächst) nicht angesprochen wird, um sich zu schützen.
- **Störungen der Affektregulation:** Die Schwierigkeit, Angst, Wut, Ekel, Ohnmacht, Entsetzen etc. zu regulieren, kann hier als Ausdruck einer *normalen* Be-

lastungsreaktion gelesen werden. Therapeutische Techniken wie Fertigkeitentrainings und Imaginationsübungen sind wenig hilfreich.
- **Störungen des Selbstkonzepts:** Überflutende Gefühle des Selbsthasses und der Selbstabwertung können mit jedem traumatischen Ereignis zunehmen.
- **Störungen des Bezugs zu anderen Menschen:** Mit jeder Traumatisierung kann das Gefühl des Isoliertseins beziehungsweise des Misstrauens in andere Menschen verstärkt werden, manchmal sogar mit wahnhaft anmutenden Symptomen, wobei die Person Schutz und nicht Neuroleptika benötigt.

Zusammenfassend ergeben sich nachfolgende Ableitungen für die Therapieplanung:

Wenn aktuell Gewalt vorliegt, sollten folgende Aspekte beachtet werden (vgl. Gysi, 2022; Kuitunen-Paul, ter Balk & Hahn, 2022):

- Eine tragfähige (sichere) Beziehung muss aufgebaut werden, um das Sprechen über Gewalt zu ermöglichen (▶ Kap. 5).
- Ein Screening wie oben beschrieben über anhaltende Gewalt sollte stattfinden.
- Ein interdisziplinäres Netzwerk sollte auf- beziehungsweise ausgebaut werden (▶ Kap. 7).
- Äußere Sicherheit sollte hergestellt und ein Sicherheitsplan erarbeitet werden (▶ Kap. 4).
- Es sollte behutsam eine Distanzierung vom Täter unterstützt werden (▶ Kap. 5).
- Die Bedarfe der Kinder sollten mitberücksichtigt, eine Kindeswohlgefährdung abgeklärt werden (▶ Kap. 6).
- Eine Psychoedukation über gesundheitliche Folgen und eine Informationsvermittlung über strafrechtliche Möglichkeiten sollte erfolgen.

Psychotherapeutisch-stabilisierende Verfahren wie imaginative Techniken sind kontraindiziert, sofern sie dazu beitragen, die Gewaltsituation besser auszuhalten, statt Sicherheit herzustellen. Eine Konfrontationsbehandlung kann bei anhaltender Gewalt nachteilige Effekte haben.

4 Schutz und Sicherheitsaspekte

Die Abklärung der Sicherheit der Frau und die ihrer Kinder hat oberste Priorität (WHO, 2022b). Leider gibt es wenig Forschung zur Wirksamkeit von Psychotherapie bei häuslicher Gewalt und die, die es gibt, zeigt ernüchternd die Grenzen des Möglichen auf (Bogat et al., 2013). Laut einer Meta-Analyse aus dem Jahr 2020 kann Psychotherapie bei häuslicher Gewalt vor allem dabei helfen, Depression und Angst zu reduzieren. Sie kann aber bislang noch wenig dazu beitragen, die Selbstwirksamkeit zu erhöhen, vor erneuter Gewalt zu schützen und bislang auch wenig dazu, die Sicherheitsplanung effektiv zu gestalten (Hameed et al., 2020). In bis zu 30 % der Fälle, wo Unterstützungsangebote nach Partnerschaftsgewalt durchgeführt wurden, kam es nach sechs Monaten erneut zu Gewalt (Stover, Meadows & Kaufmann, 2009). Laut einer Untersuchung haben nur 31 % der befragten Fachkräfte die akute Gewalt berücksichtigt und gemeinsam Sicherheitsmaßnahmen ausgearbeitet (Morse, Lafleur, Fogarty, Mittal & Cerulli, 2012). Es wird empfohlen, dass die Themen Gefährdungslage, Schutz und Sicherheit vermehrt Raum in der psychotherapeutischen und psychosozialen Praxis erhalten und zwar in Zusammenarbeit mit einer entsprechenden Fachberatungsstelle (Hameed et al., 2020). Deswegen werden nachfolgend Informationen bereitgestellt, wie eine Gefährdungseinschätzung erfolgen und ein Sicherheitsplan entwickelt werden können.

> Der Fokus liegt in diesem Kapitel vor allem auf körperlicher Gewalt und darauf, wie hoch gefährdete Frauen erkannt werden können. Dabei ist zu beachten, dass das Einschätzen und Planen von Sicherheit ein fortlaufender Prozess ist. Die Zusammenarbeit mit einer Fachberatungsstelle ist dringend indiziert.

4.1 Gefährdungsrisiko erfassen

Berichtet eine Frau das erste Mal Außenstehenden von der Gewalt zuhause, bringt sie sich ggf. dadurch in Gefahr. Daher sollte der*die Psychotherapeut*in immer auch ein Screening der Gefährdungslage beziehungsweise bezüglich der Sicherheit vornehmen, wenn das Thema Gewalt besprochen wird. Dabei sind gewisse Aspekte zu berücksichtigen:

- die Tendenz mancher Frauen, die Gewalt zu bagatellisieren oder zu unterschätzen;
- die Dynamiken von Gewalt bzw. die Anzeichen von bevorstehender Gewalt;
- die Erfassung von Risikofaktoren für körperliche Gewalt;
- die Verwendung von Checklisten und strukturierten Erhebungsinstrumenten;
- ein Assessment von Hochrisikofällen.

Bagatellisierungstendenz

Manche Frauen spielen die Gewalt herunter beziehungsweise sind sie sich der Gewaltintensität nicht bewusst. Das kann verschiedene Ursachen haben, zum Beispiel als Folge einer PTBS und der damit verbundenen Dissoziationen. Aber auch die Lernerfahrung seit frühester Kindheit, dass Gewalt normaler Bestandteil des Alltags ist, kann dazu beitragen, dass Gewalt verleugnet wird und damit das Risiko für sich beziehungsweise für die Kinder als gering eingeschätzt wird. Bestimmte Selbstschemata haben sich in der Kindheit entwickelt, wie beispielsweise »Ich bin nicht wertvoll und verdiene deswegen auch schlecht behandelt zu werden«. Sie dienen als eine Überlebensstrategie von ausweglosem Leid und stellen innere Wahrheiten in der Gegenwart für Betroffene dar, die zunächst kaum angezweifelt werden können. Für eine nachhaltige Sicherheitsplanung ist es sehr wichtig, an diesen Selbstbildern zu arbeiten und behutsam den Selbstwert zu stärken (vgl. Kuitunen-Paul et al., 2022). Eine meist umfassend erlebte Unfähigkeit kann unter anderem dadurch eingedämmt werden, indem eine Distanzierung zu früheren (teilweise in der Kindheit liegenden) Situationen der Insuffizienz schrittweise angeleitet wird: »Ich bin heute, 2024, erwachsen und über 40 Jahre alt. Ich lebe nicht mehr in meiner Ursprungsfamilie und bin nicht mehr von meinem Vater und meiner Mutter abhängig«.

Substanzmittelgebrauch kann ebenfalls dazu führen, dass eine Frau die Gefahr, die vom Partner ausgeht, nicht realistisch einschätzt. Vielleicht fühlt sie sich unter dem Einfluss von Substanzen stark und glaubt fälschlicherweise, dass sie sich gegen körperliche und sexuelle Übergriffe verteidigen und schützen kann (vgl. Bennett & Bland, 2008).

Auch das Vertrauensausmaß und die Qualität der therapeutischen Beziehung beeinflussen, inwiefern Gewalt verneint oder verharmlost wird. Zudem besteht die Tendenz, dass die Frau eher dazu neigt, die Gewalt zu verharmlosen, je stärker die Gewalt ist. Beginnt hingegen die Frau offener darüber zu reden, kann das ein Anzeichen dafür sein, dass sie sich aus der Beziehung zu lösen beginnt.

Dynamiken von Gewalt und Anzeichen von bevorstehender Gewalt

Für eine Einschätzung der Gefährdung beziehungsweise für eine Sicherheitsplanung ist es hilfreich, die Dynamik der Gewalt zu erfassen. Forschung hat gezeigt, dass es einerseits zyklische oder periodische Abläufe, andererseits aber auch zufällige oder chaotische Verläufe geben kann (vgl. Bogat et al., 2013). Bei einem periodischen Ablauf beginnt der Zyklus mit einem Spannungsaufbau, gefolgt von einer Spannungsentladung in Form von Gewalt mit anschließender Versöhnung und Reue des Täters und der Honeymoon- oder Ruhe-Phase (Gewaltzirkel von Walker, 1979). Geschieht die Gewalt zufällig oder chaotisch, sind die Ausbrüche kaum vorhersehbar und es herrschen systematische Einschüchterungsstrategien vor.

Wenn die Anzeichen von bevorstehender Gewalt erfasst werden, sollte stets vermittelt werden, dass die Frau keine Verantwortung für die Gewaltausbrüche trägt, sondern diese immer beim Täter verbleibt. Vielmehr geht es bei der Erfassung darum, die Sicherheit der Frau zu erhöhen, indem die Sensibilität für mögliche Anzeichen von bevorstehender Gewalt erhöht wird. Häufig sind verbale Auseinandersetzungen zu den Themen Eifersucht, Erziehungsstile, finanzielle Probleme und Arbeitslosigkeit Vorboten der Gewalt. Alkohol und Drogenkonsum wirken enthemmend und tragen ebenfalls zu einer Eskalation bei (vgl. Bogat et al., 2013). Bei aller Planung gilt es aber immer vorsichtig zu bleiben und darum zu wissen, dass es die chaotischen Gewaltausbrüche gibt, die zufällig und unvorhersehbar erscheinen.

Erfassung von Risikofaktoren für körperliche Gewalt

Welche Risikofaktoren stehen in Zusammenhang mit körperlicher Gewalt? In einer Meta-Analyse von Stith, Smith, Penn, Ward und Tritt (2004) wurden emotionale Gewalt und erzwungene sexuelle Praktiken sowie eine niedrige Partnerschaftszufriedenheit mit einer erhöhten Wahrscheinlichkeit für physische Gewalt assoziiert. Alkohol- und Drogenkonsum, eine gewaltbejahende beziehungsweise -befürwortende Haltung, traditionelle Genderrollen, Feindseligkeit und Depressivität waren mit einer moderaten Effektstärke verbunden. Auch wenn die Frau sich gegen den Partner körperlich wehrt, war ihr Risiko, erneuter körperlicher Gewalt durch den Partner ausgesetzt zu sein, deutlich erhöht.

Zusammenfassend wurden folgende Risikofaktoren und -kategorien in der Forschung identifiziert, die eine Orientierung bei der Gefährdungseinschätzung für körperliche Gewalt geben können (vgl. WAVE, 2012):

Geschichte der Gewalt:

- Der häufigste Risikofaktor ist vorangegangene häusliche Gewalt.
- Gewalt gegen Kinder oder andere Angehörige beziehungsweise deren Sicherheitslage muss bei der Gefährdungseinschätzung ebenfalls immer berücksichtigt werden.
- Generell gewalttätiges Verhalten sollte erfasst werden, denn oft ist der Täter auch außerhalb des Haushaltes gewalttätig.
- Liegen Verstöße gegen Schutzverfügungen vor?
- Hat sich die Schwere und Häufigkeit gewalttätiger Handlungen verändert? Die Zunahme an Intensität und Frequenz ist der signifikanteste Risikofaktor für schwere und potentiell tödliche Körperverletzungen.

- Liegt ein (angedrohter) Waffengebrauch vor? Dies ist ein signifikanter Risikofaktor für schwere und tödliche Gewalt. Hierzu zählen alle Waffen wie Schusswaffen, Messer oder gefährliche Gegenstände.

Gewaltformen und -muster:

- Liegt kontrollierendes Verhalten und Isolation vor?
- Liegt Stalking vor?
- Wurde sexuelle Gewalt ausgeübt? Es besteht ein höheres Risiko im Zuge dieser Gewaltform schwer körperlich verletzt zu werden.
- Besteht die Androhung von Tötung und Verletzung oder Nötigung? Zu Nötigung zählt auch eine Zwangsheirat.
- Liegt Strangulieren und Würgen vor? Rund die Hälfte der Femizid-Opfer wurde im Jahr vor der Tötung gewürgt.

Risikofaktoren aufgrund des Verhaltens des Täters:

- Gibt es Probleme im Zusammenhang mit Alkohol- und Drogenmissbrauch?
- Bestehen Besitzansprüche, extreme Eifersucht und andere patriarchale Einstellungen?
- Gibt es Probleme aufgrund einer schlechten psychischen Verfassung, bestehen Selbstmorddrohungen und -versuche? In 32 % der Femizid-Fälle beging der Täter anschließend Selbstmord.
- Bestehen finanzielle Belastungen?

Einschätzung der Gefahrenlage durch die Betroffene:

- Besteht Angst um sich selbst und um andere? Zugleich ist zu berücksichtigen, dass rund die Hälfte der Betroffenen die Gewalt bagatellisiert und unterschätzt.

Erschwerende Faktoren:

- Ist eine Trennung geplant?
- Steht ein Treffen aufgrund von Kindern an? Umgangskontakte bergen oft Gefahr für wiederholte Gewalt.
- Leben Stiefkinder im gemeinsamen Haushalt?
- Wurde Gewalt während der Schwangerschaft ausgeübt?

Checklisten und strukturierte Erhebungsinstrumente

Es ist zu empfehlen, auf strukturierte Erhebungsinstrumente zurückzugreifen, statt sich ausschließlich auf das unstrukturierte klinische Urteil zu verlassen, wie eine Meta-Analyse von van der Put, Gubbels und Assink (2019) bestätigt. Aufgrund der guten Vorhersagegenauigkeit der Instrumente wird der Einsatz von Fragetools sowohl bei Hochrisikopopulationen empfohlen als auch bei der Allgemeinbevölkerung, insbesondere für die Einschätzung für das erstmalige Auftreten von Gewalt.

> Checklisten helfen, die eigene Beurteilung zu strukturieren und schärfen das Bewusstsein. Studien zufolge geben Frauen einerseits die beste Einschätzung ihres Risikos für eine Reviktimisierung ab. Andererseits hat sich gezeigt, dass sie das Risiko getötet zu werden, unterschätzen. Für eine Gesamtbeurteilung des Risikos sollte daher die Fachkraft immer auch die eigene Einschätzung unabhängig von der Beurteilung der Betroffenen heranziehen. Die Risikobewertung darf dabei immer nur nach oben, nie nach unten erfolgen (vgl. Wildvang, 2022).

Assessment von Hochrisikofällen

Es gibt verschiedene Fragetools, die dabei helfen, die aktuelle Gefährdung einzuschätzen. Nachfolgend werden zwei Tools vorgestellt: die *Danger Assessment Scale* und das ODARA.

Die WHO (2022a) empfiehlt die sogenannte *Danger Assessment Scale* nach Snider (2017). Sie ist zeitsparend einsetzbar. Wenn Frauen mindestens drei der folgenden Fragen mit *Ja* beantworten, können sie aktuell hoch gefährdet sein:

- Hat die körperliche Gewalt an Häufigkeit und Schwere in den letzten sechs Monaten zugenommen?
- Hat er jemals eine Waffe benutzt oder Sie mit einer Waffe bedroht?
- Hat er jemals versucht, Sie zu würgen?
- Glauben Sie, dass er dazu fähig wäre, Sie umzubringen?
- Wurden Sie jemals vom ihm während einer Schwangerschaft misshandelt? (Die Frage nach Misshandlungen während der Schwangerschaft wurde von der WHO ergänzt)
- Ist er gewalttätig und ständig eifersüchtig?

Ein auf Deutsch übersetztes, internetbasiertes Instrument, um das Rückfallrisiko einzuschätzen, ist das ODARA (*Ontario Domestic Assault Risk Assessment*). Es umfasst 13 Items zu folgenden Aspekten: frühere häusliche Gewalt, frühere nicht-häusliche Gewalt, frühere Haftstrafe (≥ 30 Tage), Verstöße gegen Bewährungsauflagen oder Weisungen (inkl. Kontaktverbote), Androhung einer Verletzung oder Tötung, Gefangenhalten der Partnerin beim Indexdelikt, Besorgnis der Frau über zukünftige Übergriffe, Anzahl der Kinder von Opfer und Täter, leibliche Kinder des Opfers von einem früheren Lebensgefährten, Gewalt gegen andere (außer Lebensgefährtin oder deren Kinder), Substanzmissbrauch, Übergriff während der Schwangerschaft und Hindernisse bei der Opferhilfe (beispielsweise dass die Frau kein eigenes Telefon hat, um Hilfe zu rufen) (ODARA, o. D.). Das Instrument ist frei zugänglich.

Nachfolgend wird der Frage nachgegangen, was getan werden kann, um die Sicherheit für gewaltbetroffene Frauen zu erhöhen.

4.2 Sicherheitsplan erstellen

Dieser Abschnitt beschäftigt sich mit folgenden Fragen:

- Wird die Gewalt von alleine aufhören?
- Ist es hilfreich, wenn der*die Therapeut*in mit dem Partner spricht?
- Was bedeutet Sicherheit in Bezug auf die Partnerschaft, was in Bezug auf die Therapie?
- Wann sollte eine Sicherheitsplanung stattfinden?
- Kann die Betroffene nach der heutigen Sitzung nach Hause zurückkehren und was ist dabei zu berücksichtigen?
- Wie kann eine Sicherheitsplanung konkret erfolgen?

Viele gewaltbetroffene Frauen haben Angst um ihre Sicherheit, doch nicht jede hält es für nötig einen Sicherheitsplan zu erstellen, da sie erwarten, dass es zu keiner weiteren Gewalt kommt. In diesem Fall kann es hilfreich sein, folgenden Hinweis zu geben: In den wenigsten Fällen endet Gewalt von alleine. Vielmehr findet sie über die Zeit hinweg häufiger statt und nimmt an Intensität zu (vgl. WHO, 2022a).

Es kann vorkommen, dass Betroffene sich wünschen, dass der*die Therapeut*in mit dem Partner spricht, damit die Gewalt aufhört. Diese Verantwortungsübernahme ist selten zu empfehlen. Vielmehr ist darauf hinzuweisen, dass dies in vielen Fällen zu mehr Gewalt führen kann.

Sicherheit kann sehr unterschiedliche Bedeutungen für verschiedene Personen haben, daher ist es wichtig, dies immer mit dem Gegenüber zu besprechen und gemeinsam zu definieren, was Sicherheit bedeutet, bezogen auf die Partnerschaft und bezogen auf die therapeutische Beziehung:

- »Haben Sie sich jemals sicher gefühlt?«
- »Was hilft Ihnen, sich sicher zu fühlen?«
- »Wie würde es sich anfühlen, wenn Sie sich während unserer Zusammenarbeit sicher fühlen?«

Vielleicht bedeutet es auch, dass die Frau sich selbst verletzt, um sich sicher zu fühlen und um die unerträglichen Gefühle und Erinnerungen besser aushalten zu können (vgl. McEvoy & Ziegler, 2006).

> Eine Sicherheitsplanung sollte fortlaufend stattfinden: während die Frau noch mit dem gewalttätigen Partner zusammenlebt, während der Trennung und auch nach der Trennung, bis keine Gewalt mehr droht.

Es ist wichtig abzuklären, ob die Betroffene nach der jeweiligen Sitzung nach Hause zurückkehren möchte. Wenn sie dies nicht möchte oder kann, müssen Alternativen besprochen werden, wo sie sicher ist und wo sie Ruhe findet, beispielsweise bei Freund*innen, Verwandten, ggf. in einem Frauenhaus, einer Schutzwohnung oder auch in Form eines stationären Aufenthalts in einer Klinik. Möchte die Frau nach Hause zurückkehren, ggf. aufgrund von Kindern, sollte eine diesbezügliche Sicherheitsplanung vorgenommen werden. Die Frau sollte Informationen erhalten, wo sie Schutz und Unterstützung erhalten kann. Sie sollte erfahren, welche Angebote von Frauenhäusern, Schutzwohnungen und Fachberatungsstellen bestehen und wie man Zugang zu diesen erhält. Bei Vorbehalten kann eine gemeinsame Kontaktaufnahme hilfreich sein. Zudem sollte die Frau darüber informiert sein, dass es ein sogenanntes Gewaltschutzgesetz seit 2002 gibt. Wenn die Frau sich dazu entschließt, die Polizei einzuschalten, kann der Täter der Wohnung verwiesen werden oder ein Näherungsverbot ausgesprochen werden (▶ Kap. 7) (vgl. Hellbernd et al., 2004).

Wie kann ein Sicherheitsplan konkret erstellt werden?

Ein Sicherheitsplan beinhaltet, wen die Frau kontaktieren kann, wenn die Situation eskaliert, und wohin sie und ihre Kinder gehen können, wenn es nötig ist, das Zuhause zu verlassen. Dabei können Therapeut*innen folgende Punkte berücksichtigen und Fragen mit der Frau besprechen (vgl. McEvoy & Ziegler, 2006):

- Vermitteln Sie folgende Grundregel gegenüber der betroffenen Frau: Trauen Sie Ihrer Intuition, zweifeln Sie nicht an Ihrem Gefühl, wenn Sie sich unsicher fühlen!
- Überlegen Sie sich, wie Sie die Wohnung/das Haus im Ernstfall verlassen können (durch welche Tür, Fenster etc.)?
- Überlegen Sie, wie Sie Ihre Kinder schützen können!
 (Es sollte unbedingt eine gesonderte Sicherheitsplanung in Bezug auf die Kinder erfolgen, ▶ Kap. 6).
- Vereinbaren Sie ggf. ein Codewort mit Ihren Kindern/eingeweihten Personen, die dann die Polizei im Ernstfall anrufen können!
- Wohin können Sie im Ernstfall gehen (zu Freund*innen oder Verwandten, in ein Frauenhaus oder Hotel)?
- Wer kann eine Vertrauensperson sein? Beachten Sie dabei, dass es jemand ist, der nicht verurteilend reagiert, wenn er*sie von der Gewalt erfährt.
- Bewahren Sie Haus- und Autoschlüssel, Kleidung, Bankkarten und Bargeld, Versicherungskarten, wichtige Adressen und Telefonnummern sowie wichtige Dokumente beziehungsweise Kopien davon an einem versteckten Ort auf oder bei einer Vertrauensperson.
    – Zu den wichtigen Dokumenten zählen Personalausweis, Geburtsurkunde, medizinische Unterlagen, Führerschein, Arbeitserlaubnis, Scheidungspapiere.
- Prüfen Sie, ob eine gerichtsfeste Dokumentation bei Verletzungen möglich ist. Es hilft auch, selbst Fotos zu machen und zerrissene, blutige Kleidung (an einem sicheren Ort/bei einer Vertrauensperson) aufzubewahren.
- Soll die Polizei eingeschaltet werden?
- Sammeln Sie alle möglichen Beweise (auch schriftliche Entschuldigungen, Kontoauszüge etc.).

- Führen Sie ein Gewalttagebuch (benennen Sie alle möglichen Zeug*innen) und bewahren Sie es an einem sicheren Ort auf.
Der Verein Gewaltfrei in die Zukunft hat eine niedrigschwellige App entwickelt, mittels derer Betroffene eine gerichtsverwertbare Dokumentation erstellen und ein entsprechendes Tagebuch führen können. Weitere Informationen finden sich unter https://gewaltfrei-in-die-zukunft.de/app (Zugriff am 02.02.2024).

4.3 Besondere Risikosituationen

Nachfolgend werden die Themen Trennung, Stalking sowie Suizidalität und selbstverletzendes Verhalten als besondere Risikokonstellationen besprochen.

Trennung

Unter dem Gesichtspunkt von Hochrisikosituationen stellen Trennung und Scheidung mit die höchste Gefährdung für Frauen dar (Schröttle, 2008). Daher ist es möglicherweise nicht sicher, dem Partner von der Trennungsabsicht zu erzählen. Das Risiko für Gewalt (bis hin zur Tötung) steigt für Frauen (und deren Kinder) bei einer Trennung um bis zu einem Fünffachen an (vgl. Franke, 2023). Die ersten 18 Monate nach einer Trennung sind ebenfalls mit einem erhöhten Risiko für erneute Gewalt assoziiert (McEvoy & Ziegler, 2006). Daher sollte auch diese Phase in eine Sicherheitsplanung einbezogen werden.

Folgende Zeitpunkte eignen sich, den Partner zu verlassen: wenn der Partner duscht, schläft, auf der Arbeit oder einer Dienstreise ist, wenn Kinder abgeholt werden, man einen Termin außer Haus hat wie beispielsweise einen Arzttermin. Wenn Kinder da sind, sollte eine gesonderte Sicherheitsplanung unbedingt vorgenommen und geplant werden, wie diese bei einer Trennung mitgenommen werden können (▶ Kap. 6). Es sollten Schlüssel, Kleidung, Geld, Versicherungskarten, wichtige Adressen und Telefonnummern sowie wichtige Dokumente oder Kopien davon eingepackt werden. Zudem sollten Fotos, kleine wertvolle Gegenstände, Lieblingsspielsachen/-decken der Kinder etc. mitgenommen werden, sofern dies möglich und sicher ist.

Folgende Aspekte können dabei berücksichtigt werden:

- Müssen Schlösser ausgetauscht werden, Türsicherungen und Sicherheitsmaßnahmen installiert werden?
- Sollen Holztüren gegen Stahl-/Metalltüren ausgetauscht werden?
- Sollen Licht-Bewegungsmelder draußen installiert werden?
- Sollte der*die Arbeitgeber*in über die Gefährdungssituation informiert werden?
- Sollte der Arbeitsweg geändert werden?
- Sollte die Uhrzeit von Arbeitsbeginn und -ende geändert werden?

- Muss eine Begleitung für den Weg von der Arbeit zum Auto organisiert werden?
- Bei Verfolgung durch den Expartner einen Ort aufsuchen, an dem viele Menschen sind.
- Sollen die Einkaufsorte und Banken (im Vergleich zu denen, die während der Partnerschaft genutzt wurden) geändert werden?
- Es sollte mit den Kindern besprochen werden, wie sie reagieren können, wenn der Expartner sie abholen will. Gibt es jemanden, den sie anrufen können?
- Es sollten die Kita/Schule/andere Aufsichtspersonen wie Freund*innen/Familie informiert sein, wer die Kinder abholen darf und wer nicht.
- Sollten die Nachbar*innen informiert werden, dass der Expartner nicht mehr hier wohnt? Sollten sie die Polizei anrufen, wenn er sich nähert (Näherungsverbot in Kopie immer bei sich tragen)?

Was ist im Fall von Stalking zu berücksichtigen?

Die Forschung hat gezeigt, dass ein Großteil des Stalkings von Ex-Partnern ausgeht, oft nach physischer Gewalt stattfindet und dass damit auch nach polizeilichen Auflagen weiter gemacht wird. Der Großteil der betroffenen Frauen ist unter 35 Jahre alt (vgl. McEvoy & Ziegler, 2006).

Es ist hilfreich, die Frau über folgende Punkte aufzuklären: Die wenigsten Stalker beenden ihr Verhalten von alleine. Daher hilft es auch nicht, wenn die Frau die Vorfälle ignoriert. Zugleich sollte nicht sie es sein, die Kontakt zum Stalker aufnimmt, um das Verhalten zu beenden, da jegliche Art von Kontakt vom Stalker als positiv erlebt wird, als ein Zeichen, dass er Macht und Kontrolle hat. Sie sollte alle Vorfälle genau dokumentieren. Es sollte besprochen werden, inwiefern sie sich polizeiliche Unterstützung gegen den Stalker holen möchte. Manche Frauen fürchten, dass das Stalking nach einer polizeilichen Intervention zunimmt und schlimmer werden könnte. Allerdings hat die Forschung gezeigt, dass das Gegenteil der Fall war. Zugleich sollte eine Sicherheitsplanung vorgenommen werden:

- Sollten neue Wege zur Arbeit genommen werden?
- Ist ein Telefon griffbereit?
- Sollte das Schloss gewechselt werden und/oder ein Sicherheitssystem installiert werden?
- Wachsam sein, wenn man in der Öffentlichkeit unterwegs ist.
- Andere sollten darüber informiert sein, wo man sich gerade aufhält.
- Was kann man tun, wenn der Stalker nach Hause/in die Schule/auf die Arbeit kommt?
- Einen Selbstverteidigungskurs machen.
- Ein Foto vom Stalker an Freund*innen/Kolleg*innen/Verwandte geben.
- Eine Notfalltasche packen mit Kleidung, Geld, wichtigen Telefonnummern und Dokumenten, wenn man schnell das Zuhause verlassen muss.
- Wo kann man im Notfall übernachten, bei einem*einer Freund*in oder Verwandten?

Lange hat man betroffenen Frauen empfohlen, sich eine neue Telefonnummer bei Stalking anzuschaffen. Forschung hat gezeigt, dass dadurch das Stalking-Verhalten eskaliert ist und der Stalker vermehrt persönlich nachgestellt hat. Daher wird nun empfohlen, die alte Nummer beizubehalten und auf einen Anrufbeantworter zu schalten und sich zugleich eine neue Nummer zuzulegen.

Suizidalität und selbstverletzendes Verhalten

Abschließend werden noch die beiden Themen Suizidalität und selbstverletzendes Verhalten behandelt, die bei einer Sicherheitsplanung ebenfalls berücksichtigt werden sollten.

Das Suizidrisiko ist bei Gewalterfahrungen erhöht, insbesondere bei Gewalt in der Kindheit und wenn depressive oder bipolare Symptome sowie wenn Alkohol- und Drogengebrauch vorliegen (McEvoy & Ziegler, 2006). Daher sollte eine diesbezügliche gründliche Abklärung erfolgen und genau dokumentiert werden.

Viele gewaltbetroffene Frauen zeigen selbstverletzendes Verhalten, um mit dem Unerträglichen zurecht zu kommen. Daher ist es sinnvoll, proaktiv danach zu fragen, um einen Rahmen anzubieten und ein Gesprächsangebot zu machen. So wird signalisiert, dass man offen ist für das Thema.

Selbstverletzendes Verhalten dient einer Spannungsreduktion. Es hilft gegen die Überflutung von zu vielen schmerzvollen Erinnerungen, gegen ein zu hohes Arousal aufgrund von Angst oder Ärger und gegen Dissoziation sowie Taubheit. Das Verhalten kann auch eine Form sein, um Gefühle nach außen zu kommunizieren, oder um sich selbst zu bestrafen, um eine als noch schlimmer erwartete Bestrafung von außen abzuwenden. Es ist wichtig, sich gemeinsam mit der Betroffenen auf die Suche nach der Bedeutung des Verhaltens zu machen, um dann Stück für Stück Alternativen zu finden, die weniger schädlich sein können (vgl. McEvoy & Ziegler, 2006).

5 Beziehungsgestaltung

Eine vertrauensvolle, sichere Bindung ist in jeder Psychotherapie der Nährboden für Wachstum und Veränderung. Auch im Kontext häuslicher Gewalt hat die Etablierung einer positiven therapeutischen Beziehung Priorität. Sie ermöglicht:

- eine detaillierte und gezielte Erhebung von Gewalterfahrungen in der Kindheit, in früheren Partnerschaften sowie in der aktuellen Beziehung
- eine Erhebung von Erklärungsmodellen zu Entstehungsdynamiken von Gewalteskalationen aus Sicht der Frau
- eine Identifikation von Risikomerkmalen bei Eskalationen
- eine Erhebung der persönlichen Ressourcen, von Bewältigungsstrategien und sozialen Unterstützungsangeboten
- eine Vorbereitung auf die Zusammenarbeit mit Fachkräften aus anderen Versorgungsbereichen (Anwält*innen, Strafverfolgung, Klinik etc.)
- eine Bearbeitung von Scham, Schuld, von Bindung und akzeptierter (Selbst-)Abwertung (vgl. Bogat et al., 2013)
- Empowerment und Veränderungen hin zu einem selbstbestimmten, gewaltfreien Leben

Wie aber kann eine vertrauensvolle Beziehung zu jemandem aufgebaut werden, der in nahen sozialen Beziehungen immer wieder erlebt hat, dass Grenzen missachtet werden, der verletzt und gedemütigt wurde? Das Wissen um Bindungstypen und die Mechanismen intimer Gewalt kann dabei helfen, Betroffene wirksam unterstützen und beraten zu können. In diesem Kapitel werden typische Fallstricke hinsichtlich der Beziehungsgestaltung mit gewaltbetroffenen Personen und Umgangsmöglichkeiten aufgezeigt.

5.1 Das Wissen um Bindungstypen

Frauen, die Gewalt in der Partnerschaft erleben, haben erfahren, dass Wertschätzung, Sicherheit, Kontrolle, Vertrauen und Intimität wiederholt verletzt wurden. Diese Grenzverletzungen und Entwürdigungen wirken sich auch auf die therapeutische Beziehungsgestaltung aus:

»They often engage in unconscious re-enactments of the trauma, ways of ›remembering, knowing, communicating, or integrating through reliving‹ (Pearlman and Saakvitne 1995, 44). In these re-enactments, counsellor and survivor can rotate through roles of perpetrator, victim, rescuer and bystander« (McEvoy & Ziegler, 2006, S. 21).

Bindungstheoretisches Hintergrundwissen kann dabei helfen, diese symbolischen Ebenen der Reinszenierung von traumatischen Erlebnissen zu trennen von der realen Beziehung im Hier und Jetzt. Es kann dabei unterstützen, Befürchtungen und Hoffnungen der Klientin in Bezug auf die Therapie bewusst und besprechbar zu machen.

Hammerschall (2012) untersuchte bei 30 gewaltbetroffenen Frauen, die in einem Frauenhaus untergebracht waren, den Zusammenhang zwischen elterlichem Erziehungsverhalten und Bindungsstilen. 37 % der untersuchten Frauen wiesen einen abweisenden Bindungsstil auf. 23 % waren sicher gebunden. 27 % wurden einem ängstlich-vermeidenden und 13 % einem anklammernden Bindungsstil zugeordnet. Die befragten Frauen gaben an, sowohl von der Mutter als auch vom Vater wenig emotionale Wärme erfahren zu haben. Sie berichteten von Ablehnung, Strafe, Kontrolle und Überbehütung.

Bindungsmuster und -erfahrungen können verändert werden, zum Beispiel in einer Partnerschaft, aber auch im Rahmen einer Therapie. Das Ziel einer bindungstheoretischen Psychotherapie ist es, der Betroffenen neue Verhaltensweise und Denkmuster zu erschließen, die besser an die Bedürfnisse der Frau anschließen. Für die Therapie kann die Einteilung der Bindungsstile anhand der beiden Dimensionen Selbstbild und Bild vom Anderen nach Bartoholomew und Horowitz (1991) orientierend sein (deutsche Übersetzung Steffanowski, 2001):

Tab. 5.1: Bindungsstile

	Positives Modell vom Selbst (keine Angst vor Trennung)	Negatives Modell vom Selbst (Angst vor Trennung)
Positives Modell vom Anderen (keine Angst vor Nähe)	Sicher	Anklammernd, abhängig
Negatives Modell vom Anderen (Angst vor Nähe)	Abweisend, distanziert	Ängstlich-vermeidend

- Sicher gebundene Erwachsene verfügen über ein gutes Selbstvertrauen und Vertrauen in die Welt. Sie können gut Nähe und Distanz in Beziehungen regulieren.
- Anklammernd gebundene Erwachsene sind unsicher und ängstlich in der Beziehung. Sie suchen nach Akzeptanz, Zustimmung und Anerkennung. Sie erfüllen gehorsam und vorauseilend die Bedürfnisse des Anderen. Das Scheitern einer Beziehung ist der Beweis dafür, dass sie nicht gut genug sind. Sie sind davon überzeugt, nicht ohne die Beziehung leben zu können.
- Ängstlich-vermeidend gebundene Erwachsene sind stark abhängig von der Akzeptanz und der Bestätigung des Anderen. Sie spüren eine große Sehnsucht nach

Liebe und Partnerschaft und erleben gleichzeitig Gefühle von Misstrauen und Angst.
- Abweisend, distanziert gebundene Erwachsene vermeiden enge Beziehungen aufgrund negativer Erwartungen und entwerten eher enge Partnerschaften (vgl. Stahl, 2011).

> Das Besprechen von Bindungstypen im Rahmen der Therapie kann dabei helfen, gemeinsam zu verstehen, wie Partnerschaft gelebt wird, welche Bindungsbedürfnisse im Vordergrund stehen, wie Veränderungen möglich sind, wie die therapeutische Beziehung erlebt wird und welche Zusammenhänge mit der eigenen Biographie und früheren Erfahrungen von Nähe und Liebe beziehungsweise deren Fehlen bestehen.

5.2 Der Balanceakt zwischen Empathie und Distanz

Die Themen Scham und Schuld spielen bei Betroffenen von Partnerschaftsgewalt eine große Rolle und sollten in der Beziehungsgestaltung besonders berücksichtigt werden.

Schamkompetenz

Ähnlich wie in der Pflege, wo ein würdevoller Umgang mit entblößten Körpern gestaltet werden muss, kommt es in der Psychotherapie zu Entblößungen, wenn eine betroffene Frau von häuslicher Gewalt zu berichten beginnt (vgl. Bohrmann, 2022). Es geht um das Gefühl, versagt zu haben, Schuld zu sein, beschädigt zu sein.

> »›Diese Frauen glauben oft, sie seien selbst schuld‹, kommentieren die von Presse und TV reflexhaft um ihre Meinung gebetenen ›Experten‹, Psychologen, Psychotherapeuten etc. gern. So als sei das ganz unbegreiflich. Als sei auch das die Schuld und das Versagen der Frauen« (Joel, 2022, S. 2 – Sichtweise einer Betroffenen).

Kommunikative Strategien zur Schamvermeidung und zum respektvollen Umgang werden notwendig. Ziel ist es, die Scham des Gegenübers zu akzeptieren und zu versuchen, die Situation aus der Perspektive der betroffenen Frau heraus zu betrachten, mit Verständnis zu reagieren sowie die Erfahrungen und Gefühle der Frau zu validieren. Betroffene wünschen sich, dass ihr Gegenüber anerkennt, wie sie sich fühlen, ohne bewertet zu werden, ohne verurteilt zu werden bezüglich dessen, was sie getan oder nicht getan haben. Das erfordert einen Balanceakt zwischen Empathie und Distanz, zu verstehen aber nicht (mit der Gewalt) einverstanden zu sein.

Schuldgefühle abbauen

Für den Aufbau einer sicheren Beziehung ist ein behutsamer Umgang mit Schuldgefühlen ebenfalls zentral. Es ist wichtig, zu vermeiden, nach Gründen zu fragen. Die Frage »Warum schlägt er sie?« verstärkt Schuldgefühle und kann anklagend wirken.

> »Als ich endlich nach vielen Versuchen eine Therapeutin telefonisch erreicht hatte, ihr kurz geschildert hatte, worum es ging und warum ich eine Therapie/Hilfe brauche, fragte sie mich, ob ich mich schon mal gefragt hätte, warum mir das alles passiert sei. Es mag sein, dass sie es in einem ganz anderen Zusammenhang meinte, was bei mir damals auftauchte, war die dann sehr präsente Schuldfrage. Ein weiteres Mantra trat in mein Leben – Ich bin schuld! Danach beendete ich erst einmal meine Therapiesuche, was allerdings meinen Zustand nicht besserte« (Westphal, o. D.).

Vielmehr wünschen sich Betroffene eine klare Positionierung gegen Gewalt, eine Zuschreibung der Verantwortung für die Gewalt zu dem Täter und dass dies in Worte gefasst wird:

- Sie haben keine Schuld an dem, was passiert ist, und tragen keine Verantwortung für *sein* Verhalten.
- Es ist nicht Ihr Fehler, Sie sind nicht schuld.
- Die Verantwortung für die Gewalt liegt *immer* bei der gewaltausübenden Person.
- Niemand verdient es, geschlagen zu werden.
- Jeder verdient es, sich zu Hause sicher zu fühlen.
- Jede Frau hat ein Recht auf Respekt, auf Wertschätzung, Hilfe und Unterstützung.

> »›Warum bist du nicht einfach gegangen!‹ […] Solche und ähnliche Fragen und Sätze sind auch eine Art den Frauen übers Maul zu fahren. Sie an der Gewalt schuldig zu sprechen. Sie klein zu halten. Auch dann noch, wenn sie sich lange schon erhoben und innerlich endlich wieder ein bisschen groß gemacht haben« (Joel, 2022, S. 1 – Sichtweise einer Betroffenen).

Ambivalenzen (aus-)halten

Trennung kann ein langwieriger Prozess sein, manchmal auch nicht das angestrebte Ziel der Frau. Laut einer Untersuchung haben 71 % der Fachkräfte ungefragt dazu geraten, die Partnerschaft zu beenden (Morse, Lafleur, Fogarty, Mittal & Cerulli, 2012). Statt ungefragt zu raten, die Beziehung zu beenden, sollten Therapeut*innen sich gemeinsam mit den Betroffenen in einen Prozess begeben.

> »Da hab ich lange noch gebraucht, bis ich den ersten Kontakt (zu der Beratungsstelle) aufgenommen habe, weil ich gedacht habe, die sagen dir: ›Verlass ihn.‹ Und da blockte ich sofort ab. Danach ging alles nur noch da rein, da raus. Da war nichts zu machen. […] Und die Frau (Name), die hat nur dadurch mein Herz gewonnen, […] dass sie mir als Erstes gesagt hat: ›Sie brauchen sich nicht von ihm zu trennen‹. Dadurch ist mir so ein Stein vom Herzen gefallen« (GiG-net, 2008, S. 154).

Auch wenn es schwerfällt, muss akzeptiert werden, wenn die Frau nicht (sofort) aktiv werden will und es muss auf Veränderungsdruck verzichtet werden. Es ist immer die Frau, die das Tempo vorgibt, wie und wann etwas geschehen kann und soll (vgl. WHO, 2022a; vgl. Hellbernd et al., 2004). Möchte die Frau zunächst nichts an der Gewaltbeziehung ändern, kann es hilfreich sein, wenn der Fokus auf die aktuelle Situation gelegt wird, darauf die Sicherheit zu erhöhen und die Ressourcen der Frau zu stärken:

- Was brauchen Sie jetzt?
- Was stärkt Sie?
- Was würde Ihnen am meisten helfen, wenn wir es jetzt sofort tun könnten?

Neue Erfahrungen und neue Bewältigungsfertigkeiten können nicht unter Hochspannung erlernt werden. Daher sind Strategien zur Affektregulation nötig. Es sollten allerdings keine stabilisierenden Techniken eingesetzt werden, die dazu führen, die Gewalt besser auszuhalten. Vielmehr müssen Ressourcen gestärkt werden, die dafür nötig sind, um eine äußere Sicherheit herzustellen. Hierzu zählen beispielsweise das bessere Verstehen der *Spielregeln* in der Beziehung, das Erlernen von Kompetenzen, um sich besser schützen zu können beziehungsweise die Einübung von Strategien, um gewaltsame Übergriffe zu reduzieren (vgl. Kuitunen-Paul et al., 2022).

Nicht selten idealisieren Betroffene ihren Partner und Ambivalenzen können (zumindest im therapeutischen Gespräch) ausgeblendet werden. Erst vor dem Hintergrund einer vertrauensvollen, sicheren therapeutischen Beziehung kann der Raum entstehen, über Kritisches und Problematisches in der Paarbeziehung zu sprechen. Das kann ein längeres mitfühlendes, wohlwollendes und bestärkendes Begleiten erforderlich machen. Die Betroffene muss es wagen, im Schutzraum der Therapie sich den erfahrenen Verletzungen und dem damit verbundenen Schmerz zu stellen, diesen zunächst einmal wahrzunehmen, was enorm belastend sein kann und therapeutisch begleitet werden sollte, um nicht überflutend zu sein (vgl. Kuitunen-Paul et al., 2022). Da diese Begleitung ein längerer Prozess sein kann, bedeutet es für den*die Therapeut*in zugleich, es aushalten zu müssen, dass die Frau in destruktiven Verhältnissen (zunächst) verbleibt. Gleichzeitig kann benannt werden, warum dem*der Therapeut*in das Thema so wichtig ist und er*sie sich Sorgen um die Sicherheit und Gesundheit der Frau macht.

Leben Kinder im Haushalt, muss das Risiko einer Kindeswohlgefährdung sorgsam abgeschätzt werden (▶ Kap. 6). Besteht eine akute Gefährdung für die Frau, muss auf eine Sicherheitsplanung und entsprechende Interventionen verstärkt hingearbeitet werden (▶ Kap. 4).

Wenn keine akute Gefährdung vorliegt, sollte die Frau in ihrer eigenen Wahrnehmung gestärkt werden, damit sie selbst erkunden kann, was ihre Bedürfnisse sind und wie sie diese wahrnehmen lernen kann. Ein Schwerpunkt kann darauf gelegt werden, ein Gespür für die eigenen Bedürfnisse und Grenzen zu entwickeln und zu lernen, für diese einzutreten und sie zu schützen:

- Wo sind meine Grenzen, woran erkenne ich Grenzüberschreitungen?
- Wie gehen wir mit Grenzen in der Partnerschaft um?
- Bin ich in meiner Partnerschaft glücklich?

- Was erhoffe ich mir in einer Partnerschaft?
- Werden meine Bedürfnisse nach Nähe, Vertrauen, Geborgenheit und Anerkennung durch meinen Partner erfüllt?

> Wird der*die Therapeut*in zu ungeduldig, versucht er*sie die Klientin zu *retten*, verhindert das die Erfahrung von Selbstwirksamkeit. Die eigene Urteils- und Handlungsfähigkeit wird gemindert und eine erneute Abhängigkeit und Defizitgefühle gestärkt.
>
> Umgekehrt bedeutet es für den*die Therapeut*in möglicherweise lange eine hohe Ambivalenz aushalten zu müssen, immer wieder den Balanceakt zwischen Verstehen und nicht Einverstanden sein zu schaffen. Gelingt diese Balance nicht, können sich typische widerständige Beziehungsmuster entwickeln oder die Therapie wird durch die Frau abgebrochen.

Beispiele für Widerstände in der Therapie sind (vgl. Hellbernd et al., 2004):

- Kompetenz in Frage stellen: »Was wissen Sie denn schon über häusliche Gewalt? Haben Sie so etwas schon mal erlebt?«
- Unterbrechen und Wort abschneiden
- Leugnen (»Ich habe mit meinem Mann keine Probleme«) oder bagatellisieren
- Ablehnung von Vorschlägen oder Hilfsangeboten
- Ausklinken: Sie ist unaufmerksam, antwortet nicht oder gibt dem Gespräch eine neue Richtung (»Ich will jetzt lieber über … reden«)

Bei dem Balanceakt zwischen Empathie und Distanz ist es wichtig, dass der*die Therapeut*in in der Verantwortung bleibt und nicht weitervermittelt oder abgibt an ein Frauenhaus oder eine Beratungsstelle mit der Begründung, dass erst dann die Therapie weitergeführt werden könnte, wenn die Gewalt beendet wäre. Wird die Beendigung der Gewalt zur Voraussetzung für eine Psychotherapie gemacht, entsteht eine Täter-Opfer-Umkehr, es findet eine Form des *Victim Blamings* statt und der Betroffenen wird Handlungsdruck zugeschrieben. Es kann dadurch der Eindruck entstehen, erneut schuld zu sein, die Verantwortung für die Gewalt beziehungsweise für deren Beendigung zu tragen und erst dann Hilfe zu erhalten, wenn man diese beendet hat. Diese Täter-Opfer-Umkehr deckt sich mit gesellschaftlichen Mythen (▶ Kap. 2), die das Verhalten des Täters entschuldigen und rechtfertigen (Kuitunen-Paul et al., 2022).

Nachfolgend werden Forschungsergebnisse und Theorien berichtet, die dabei helfen sollen zu verstehen, warum es für viele Frauen so schwierig ist, einer Gewaltbeziehung zu entkommen.

5.3 Warum eine Trennung so schwer ist

Werden Frauen gefragt, warum sie den gewalttätigen Partner nicht verlassen, geben sie viele Gründe an (vgl. Schröttle & Müller, 2004):

- Liebe (47,5 %)
- Hoffnung:
  - 43,8 % konnten dem Partner noch einmal verzeihen.
  - 43,8 % wollten es noch einmal versuchen.
  - 46,1 % gaben an, dass der Partner versprochen habe, sich zu ändern.
- Kinder (41 %): Mütter gaben an,
  - den Kindern den Vater nicht wegnehmen zu wollen;
  - dass sie bedroht wurden, dass sie bei einer Trennung die Kinder nicht mehr sehen würde;
  - dass manchmal aber auch die Kinder der Anlass für eine Trennung sind, insbesondere dann, wenn ihnen Gewalt angetan wurde.
- Finanzielle Abhängigkeit: 36,4 % gaben an, kein Geld zu haben, um sich ein eigenes Leben aufzubauen.
- Fehlende Zukunftsperspektiven:
  - 27,8 % gaben an, nicht zu wissen, wohin sie gehen sollten.
  - 18,4 % berichteten von der Angst vor Einsamkeit.
  - 7,6 % erzählten von der Angst, keinen Partner mehr zu finden.
- Bagatellisierungstendenzen: 26,5 % gaben an, dass sie es nicht so schlimm fanden, was passiert war.
- Angst:
  - 10 % hatten Angst getötet zu werden.
  - 18,8 % gaben Angst an, dass der Partner weiterhin nachstellt.
- Schuldgefühle (17 %)
- Schamgefühle (12,4 %)

»Sie hat schon alles versucht, um Stefan zu beruhigen, mal auf die sanfte, mal auf die harte Tour, doch sobald sie sich aufregt und aggressiv reagiert, wird er noch brutaler. Für gewöhnlich fällt es ihr schwer, wütend zu werden, aber das genau sei ihr Glück. Sie meint ›Wäre ich zornig geworden, wäre ich jetzt nicht mehr am Leben, dann hätte er mich längst erwürgt!‹« (Hirigoyen, 2008, S. 18).

> Je länger die Gewalt andauert, desto mehr können die Betroffenen das Vertrauen in ihre eigene Handlungsfähigkeit und Selbstwirksamkeit verlieren. Sie bleiben nicht *trotz* der Gewalt, sondern *wegen* der Gewalt, die eine bindende und destabilisierende Wirkung zugleich hat (vgl. Landschaftsverband Westfalen Lippe, 2022).

Gewaltzirkel

Eine Erklärung bietet der sogenannte Gewaltzirkel, der auf Walker (1979) zurückgeht. In dem Modell wechseln sich gute und schlechte Phasen in der Partnerschaft ab. Es beginnt mit einem Spannungsaufbau. Die Kommunikation zwischen den Partnern stockt zunehmend. Die Partnerin versucht den Täter zu besänftigen und wird immer ängstlicher. Oder sie provoziert den Täter absichtlich, damit die Gewalt *endlich vorbei ist*. Es folgt der Gewaltausbruch mit Wut, Einschüchterungen, Bedrohungen, Streitereien und Demütigungen. In der Versöhnungsphase entschuldigt sich der Täter. Er kann auch die Frau beschuldigen, kann Erklärungen für sein Verhalten geben. Er kann die Gewalt leugnen oder sie verharmlosen (»Es war doch gar nicht so schlimm«). Er hat Angst, dass sie ihn verlässt und setzt ggf. Drohungen ein, wie zum Beispiel sich etwas anzutun, damit sie bleibt. Es schließt sich eine Ruhephase an. Es findet keine Gewalt statt, der Vorfall wird *vergessen*. Diese Phase wird auch Honeymoon-Phase genannt.

Stockholm-Syndrom

Eine weitere Erklärung dafür, warum eine Trennung so schwer ist, bietet das sogenannte Stockholm-Syndrom. Nach der Gewalt versuchen viele Täter, alles wieder gut zu machen. Der Täter bereut und hat Angst verlassen zu werden. Er versichert der Frau, dass nur sie ihm helfen könne (»Ich brauche dich, bin ohne dich ein Nichts«). Der Mann stellt sich als ohnmächtig dar, als hilflos und als der Partnerin unterlegen. Der Frau wird eine rettende und mütterliche Rolle zugewiesen. Er vermittelt ihr eine Art Machtgefühl, dass sie, und nur sie, ihn retten könne, und er sich nur durch sie ändern könne. Wenn sie sich nur genügend anstrenge. Ihre Trennungswünsche werden dadurch untergraben, die Gewalt wird verharmlost und gerechtfertigt. Der Mann schiebt die Verantwortung der Frau zu. Es entspricht ihrer gesellschaftlichen Rolle, wonach eine Frau für Emotionen und das Wohlbefinden in der Familie zuständig ist. Seine Gewalt wird als Kontrollverlust dargestellt, bestimmt durch äußere Einflüsse wie Alkoholkonsum, Probleme auf der Arbeit oder mit den Kindern etc. Die Frau fühlt sich für sein Handeln zunehmend verantwortlich, eine sogenannte Identifikation mit dem Aggressor findet statt (»Ich habe dich provoziert, ich bin schuld«). Sie übernimmt seine Sicht auf die Geschehnisse, eine Art Überlebensstrategie vor dem Hintergrund der Gewalt und der damit verbundenen Bedrohung und Angst. Es kommt zunehmend zu einer Selbstaufgabe der Frau, zu einer Selbstbeschuldigung (»Wenn ich so werde, wie du mich willst, dann hast du mich wieder lieb«). Sie erhält dadurch das Gefühl von Kontrolle in einer zuvor als ohnmächtig erlebten Situation. Durch das *richtige* Einfühlen in den Mann, kann sie seine Absichten verstehen, eine erneute Eskalation verhindern. Der Mann erlebt zunehmend weniger Verantwortung für seine Taten, die Frau zunehmend mehr Schuldgefühle (vgl. Peichl, 2008; vgl. Hammerschall, 2012).

> »Ich dachte: *Ich* sei der Grund. Dafür, dass er mich schlug. ›Was hast du getan, das ihn so provoziert hat?‹ und wenn ich einmal nicht der Grund war, dann war es immer noch meine Aufgabe, den Grund für seine Unzufriedenheit, für sein Unglück herauszufinden. Den

Mann zu verstehen. Ihm zu helfen. Es war meine Aufgabe als gute Frau. Als *seine* Frau. In diesem gesellschaftlich anerzogenen Verständnis unterschied ich mich als (auch) körperlich misshandelte Frau nicht von so vielen anderen Frauen. Ich war auch in diesem Sinne *normal*« (Joel, 2022, S. 2 – Sichtweise einer Betroffenen).

5.4 Veränderungen verstehen und anstoßen

Um Veränderungen zu verstehen und anzustoßen, wurde das sogenannte transtheoretische Modell der Veränderung (Prochaska & DiClemente, 1982, 1983) entwickelt. Es beschreibt, welche Phasen und Prozesse bei Veränderungen durchlaufen werden sowohl aus Sicht der betroffenen Frauen als auch aus Sicht von Fachkräften. Es berücksichtigt, dass sich gewaltbetroffene Frauen in unterschiedlichen Stadien der Auseinandersetzung mit der Gewalt befinden und daher auch anders auf Unterstützung und Angebote ansprechen können.

Das Modell kann den Eindruck eines Victim Blamings erwecken. Die betroffene Frau steht im Fokus, sie erhält die Verantwortung zur Veränderung, nicht der Täter, der die Gewalt ausübt. Es soll trotzdem hier vorgestellt werden, in der Hoffnung besser zu verstehen, wo die Betroffene im Moment steht und was sie aktuell benötigt.

Bei Veränderungsprozessen passiert es regelhaft, dass frühere Stadien erneut durchlaufen werden, dass *Rückfälle* stattfinden, aus denen man lernen kann. Veränderung ist kein linearer, sondern ein spiralförmiger Prozess und es ist hilfreich, das vorwegzunehmen und mit der Frau zu besprechen. Veränderungen sind zudem nicht gleichbedeutend mit dem Ziel, eine Partnerschaft zu beenden. Manche Frauen können Veränderungen dahingehend anstreben, dass die Gewalt in der aktuellen Beziehung beendet wird. Andere Frauen hingegen beenden die Beziehung und erleben dennoch weiterhin Gewalt.

Nachfolgend werden die verschiedenen Phasen beschrieben. Es wird dargestellt, was typische Charakteristika sind und was mögliche hilfreiche Interventionen sein können (vgl. Burke, Gieln, Mahoney & Mcdonnell, 2009; Frasier, Slatt, Kowlowitz & Glowa, 2001).

Absichtslosigkeit

Charakteristika: Die Phase der Absichtslosigkeit ist dadurch gekennzeichnet, dass Gewalt verleugnet wird. Das Ausmaß der Gewalt wird heruntergespielt und verharmlost. Betroffene möchten keine Hilfe annehmen und reagieren defensiv auf entsprechende Angebote. Betroffene vermeiden es, über das Problem zu sprechen: »Wir müssen nicht darüber reden, es wird nichts verändern.«

Vielleicht wird die Gewalt zunächst bestätigt und im Anschluss verharmlost. Die Betroffene beschuldigt sich ggf. selbst (»Wenn das Essen rechtzeitig fertig gewesen wäre, dann...«). Sie kann die positiven Charaktereigenschaften des Partners besonders betonen (»Er ist ein guter Vater«). Sie kann andere beschuldigen (»Wenn die Kinder nicht so laut wären...«).

Befindet sich die Frau in dieser Phase, beabsichtigt sie nicht, etwas zu verändern. Vielleicht ist sie besonders hoffnungslos und glaubt daran, dass die Gewalt ihr Schicksal ist.

Hilfreiche Interventionen können sein:

- Prüfen Sie, ob die Betroffene sich aktuell in dieser Phase befindet. Fragen Sie sie, ob sie darüber nachgedacht hat, in den nächsten sechs Monaten etwas zu verändern. Antwortet sie mit Nein, ist sie wahrscheinlich in der Phase der Absichtslosigkeit.
- Würdigen Sie es, dass die Frau im Moment nicht bereit ist, Veränderungen vorzunehmen. Betonen Sie, dass Sie sie nicht dazu drängen werden, etwas zu verändern.
- Weisen Sie darauf hin, dass niemand es verdient hat, Gewalt zu erleben.
- Informieren Sie die Frau, dass sie nicht alleine mit dem Problem ist.
- Signalisieren Sie, dass Sie jederzeit bereit sind, darüber zu reden, sobald sie dazu bereit ist. Und dass Sie jederzeit Unterstützung anbieten können.
- Geben Sie Informationen über Gewalt an die Betroffene.
- Unterstützen Sie die Frau dabei, über ihre Situation nachzudenken, darüber, was es wert wäre, eine Veränderung in Betracht zu ziehen.
- Erfassen Sie mit der Frau, welche Lebensziele sie hat.
- Unterstützen Sie dabei, einen Sicherheitsplan zu entwerfen (bei gleichzeitiger Betonung, dass sie nicht auf Veränderung drängen werden, sondern vor allem um die Sicherheit der Frau/Kinder besorgt sind).

Erwägung

Charakteristika: Die Betroffene ist sich in dieser Phase der Beziehungsprobleme bewusst. Die Gewalterfahrung kann jemandem anvertraut werden. Auch wenn die Frau noch nicht dazu bereit ist, Veränderungen vorzunehmen, fängt sie an darüber nachzudenken, in Zukunft etwas für ihren Schutz zu unternehmen. Sie kämpft mit der Realität, versucht zu verstehen, warum der Partner so gewalttätig ist. Sie denkt über mögliche Folgen nach, was passiert, wenn sie sich trennt oder anderweitig schützt. Es geht um die Angst, die Kinder zu verlieren, keinen Wohnort mehr zu haben, kein Einkommen oder Geld zur Verfügung zu haben. Und es geht um die Angst vor Gewaltexzessen. Gleichzeitig ist Wunschdenken nicht selten: »Wenn ich doch nur herausfinden könnte, was ich anders machen kann, damit er nicht so wütend auf mich wird...«, »Was würde passieren, wenn...«? Die Frau beginnt sich auch zunehmend damit auseinanderzusetzen, wie ihr Leben aussehen könnte, wenn es keine Gewalt gäbe. Sie ist offen dafür, Informationen zu erhalten, sie fragt nach.

Hilfreiche Interventionen können sein:

- Erkennen Sie die Risiken einer Veränderung an, validieren Sie die Ängste.
- Hinterfragen Sie gleichzeitig behutsam die Gedanken, die dazu beitragen, in der Situation zu verbleiben.
- Fertigen Sie Pro- und Kontra-Listen mit ihr an:
  - Was genau hindert Sie daran, etwas zu ändern?
  - Welche Konsequenzen hätte es, etwas zu ändern? Wovor haben Sie Angst, wenn Sie etwas verändern? Wen oder was verlieren Sie, wenn Sie etwas verändern?
  - Welche Konsequenzen hat es, nichts zu verändern?
  - Was lieben Sie an Ihrem Partner?
  - Haben Sie in den letzten sechs Monaten versucht, etwas zu verändern? Was ist dann passiert?
- Prüfen Sie anschließend gemeinsam, wie die Hindernisse überwunden werden könnten.
- Wenden Sie kognitive Umstrukturierungstechniken an, wie beispielsweise den sokratischen Dialog: Wie oft hat der Partner bereits gelobt, sich zu ändern? Wie oft hat er Sie beleidigt, zugeschlagen, gedroht? Wie wahrscheinlich ist es, dass er sich ändern wird?
- Wer oder was kann die Frau dabei unterstützen, wenn sie etwas verändern möchte?
- Stärken Sie die Bewältigungsressourcen und die Selbstwirksamkeit der Frau: Ich weiß, Sie tun Ihr Bestes, um zu einer guten Entscheidung zu gelangen.
- Vermitteln Sie Hoffnung, indem Sie berichten, wie andere Frauen es geschafft haben.
- Unterstützen Sie ggf. die Anbindung an eine Selbsthilfegruppe.

Vorbereitung zum Handeln

Charakteristika: Frauen sind sich in dieser Phase ihrer Probleme sehr bewusst und auch dazu bereit, in den nächsten Monaten etwas zu verändern. Es werden Pläne entworfen, Informationen gesucht. Vielleicht werden Beratungsstellen aufgesucht, wichtige Dokumente in einer Notfalltasche zusammengepackt. Sie haben in der Vergangenheit vielleicht bereits etwas unternommen, sind dann aber wieder zu den vorherigen Phasen zurückgekehrt. Je gründlicher die Pläne in dieser Phase ausgearbeitet werden, desto höher ist die Wahrscheinlichkeit, dass sie erfolgreich umgesetzt werden und die Frau nicht in eine der vorherigen Phasen erneut zurückkehren muss.

Hilfreiche Interventionen können sein:

- Stellen Sie die Frage: Wie kann ich Sie bei Ihren Plänen unterstützen?
- Helfen Sie dabei, eine Frist zu setzen, um zu schnelles Handeln einerseits oder zu langes Planen und Abwarten andererseits zu vermeiden.
- Geben Sie Informationen zu Unterstützungseinrichtungen.
- Unterstützen Sie dabei, einen Sicherheitsplan zu erstellen.

»Das Trennen: das Schlimmste ist der Entschluss, nicht die Umsetzung, wirklich der Entschluss: So, jetzt tue ich es, das ist so schwer, dieses ›Jetzt tue ich's‹ auszusprechen [...]. Weil das ganze Leben ändert sich, es ändert sich alles, alles, was bisher war ist ganz anders« (GiGnet, 2008).

Handeln

Charakteristika: Diese Phase kann hoch gefährlich für Betroffene werden. Die Frau kann sich entschließen, sich zu trennen und den Partner in dieser Phase verlassen. Betroffene unternehmen im Schnitt sieben bis acht Trennungsversuche, bis sie sich endgültig vom Partner trennen. Frauen in dieser Phase können aber auch eine Beratungsstelle aufsuchen oder an Selbsthilfegruppen teilnehmen, um Strategien zu finden, die ihnen dabei helfen, sich innerhalb der Beziehung vor Gewalt zu schützen. Sie können sich eine Arbeit suchen, um wirtschaftlich unabhängiger zu werden. Die Frau kann in dieser Phase auch den Partner darum bitten, sich Hilfe zu suchen.

Hilfreiche Interventionen können sein:

- Unterstützen Sie bei der Anbindung an weitere Hilfen.
- Nehmen Sie die Anzeichen für eine Rückkehr vorweg und besprechen Sie, was hilfreich sein kann, um die Veränderung aufrecht zu erhalten.
- Diskutieren Sie die Vorteile, die sich daraus ergeben, dass die Veränderung stattgefunden hat.

Aufrechterhaltung der Veränderung

Charakteristika: In dieser Phase werden neue Perspektiven entwickelt. Je nachdem wie gut das Unterstützungssystem nach der Trennung funktioniert, kann die Veränderung einfacher oder schwerer aufrechterhalten werden.

Hilfreiche Interventionen können sein:

- Screenen und besprechen Sie die Anzeichen für eine Rückkehr und was hilfreich sein könnte, um die Veränderung aufrecht zu erhalten.
- Erkennen Sie die Trauer an, die mit der Veränderung auch verbunden ist.
- Beurteilen Sie gemeinsam den Fortschritt, den die Frau gemacht hat, und würdigen Sie ihn gemeinsam.
- Bauen Sie Bewältigungsstrategien auf und aus, die dabei helfen, die Veränderung aufrecht zu erhalten.
- Stärken Sie die Selbstfürsorgekompetenzen der Frau.

Es sind meist sehr lange Prozesse für die Betroffenen, bis sie sich im neuen Leben ohne Gewalt gut zurecht finden und sich wieder zu Hause fühlen können:

»I just want to live a normal life. [...] I have to ... one day .... feel at home. I hope, this day will come. I don't know, when. But I really hope for it. [Schniefen] Just a normal life. Go to work, and then come back and make dinner ... [belegte Stimme]. And that I don't have to be scared of this man anymore. [...] These are my hopes for the future. Just ... a normal life« (Gloor & Meier, 2022, S. 9f.).

Beendigung

Charakteristika: Die Betroffene hat große Zuversicht in ihr *neues* gewaltfreies Leben.

Hilfreiche Interventionen können sein:

- Im Sinne einer Prävention ist es sehr hilfreich, daran zu arbeiten, woran die Frau potentielle Täter in Zukunft frühzeitig erkennt.
- Unterstützen Sie die Frau bei der Frage, wie sie selbstfürsorglich und selbstbestimmt ihr Leben gestalten kann, auch in Bezug auf ihre Sexualität.
- Prüfen Sie gemeinsam, welche Grundüberzeugungen vorhanden sind – und welche dabei helfen, ein gewaltfreies, selbstbestimmtes Leben aufzubauen und zu erhalten.

Rückkehr

Charakteristika: Die Frau ist hoffnungslos und davon überzeugt, es nicht mehr ohne den Expartner beziehungsweise mit der Veränderung zu schaffen. Vielleicht möchte sie austesten, was passiert, wenn sie zurückkehrt. Das Unterstützungssystem wendet sich meist in dieser Phase ab.

Für Deutschland gibt es keine Erhebung, wie viele Frauen nach einem Frauenhausaufenthalt wieder zum Täter zurückkehren. Für Österreich werden in der Statistik 17 % angegeben, die im Jahr 2022 zum Misshandler zurück gegangen sind (Verein Autonome Österreichische Frauenhäuser, 2023).

Hilfreiche Interventionen können sein:

- Nehmen Sie die Rückkehr niemals persönlich.
- Fassen Sie die Rückkehr als eine Chance auf, die Sie nutzen können, um besser zu verstehen, was zur Rückkehr geführt hat.
- Unterstützen Sie die Frau dabei, eine Sicherheitsplanung zu erstellen.

Je nachdem in welcher Phase sich die Frau nach der Rückkehr befindet, wird das Beziehungsangebot darauf angepasst. Es wird erneut dabei unterstützt, dass die Frau sich in Zukunft noch mehr schützen kann.

5.5 Empowerment, Grenzen und Grenzverletzungen

Wie kann der therapeutische Raum dafür genutzt werden, dass Handlungsspielräume erweitert werden, eine Selbstermächtigung stattfindet, dass die durch die Gewalt beeinträchtigten Freiheiten wieder hergestellt werden und dass an soziale Beziehungen wieder angeknüpft wird, die durch die Gewalt zerstört wurden beziehungsweise werden? Wie kann mit dem hierarchischen Verhältnis innerhalb einer Therapie umgegangen und wie dem Thema möglicher Grenzverletzungen achtsam begegnet werden?

Hierarchien abbauen

Jede psychotherapeutische Behandlung beinhaltet per se ein asymmetrisches Machtverhältnis. Der*die Therapeut*in wird aufgrund seines*ihres spezifischen Wissens und seiner*ihrer Fähigkeiten aufgesucht. Daher ist es wichtig, dass der*die Therapeut*in die eigene soziale Position kritisch reflektiert und wie diese die therapeutische Beziehung beeinflussen kann und das zum Thema in der Therapie macht.

Durch die Anerkennung der Frau als kompetent, als Expertin ihrer Selbst, als Expertin für ihre eigenen Bewältigungs- und Überlebensstrategien, kann dem Ungleichgewicht in der therapeutischen Beziehung entgegengewirkt werden. Der*die Therapeut*in nimmt die Position des*der Lernenden gegenüber der Frau als Expertin ihrer Selbst ein.

Anstatt Symptome als Diagnose, als etwas ausschließlich Pathologisches zu begreifen, begibt man sich gemeinsam auf die Suche, wie diese entstanden sind und wozu sie gedient haben. Dies wird aus einer genderspezifischen und intersektionalen Perspektive betrachtet. So schreibt eine Betroffene: »Können derzeitig übliche medizinische Kategorisierungen mich als Person mit meinen Gewalterfahrungen, die auch Ausdruck gesellschaftlicher Verhältnisse waren, wirklich abbilden?« (Marquardt, 2023, S. 630). Sie wünscht sich, dass die standardisierten Diagnosen und Therapierichtlinien hinterfragt werden und empfindet es als wenig hilfreich, auf eine individuelle Aufarbeitung reduziert zu werden, auf eine Traumafokussierung. Vielmehr wünscht sie sich eine gesamtgesellschaftliche Verantwortungsübernahme für – in ihrem Fall – sexualisierte Gewalt: »Doch wir als Gesellschaft oder Sie ganz konkret als Leser*innen wollen meine durch Krankenkassen und andere Expert*innen definierten Probleme zwar gerne therapieren, aber nicht die Systemfrage stellen« (ebd., S. 633).

Statt bisherige Bewältigungsstrategien abzubauen, werden sie vor dem Hintergrund gesellschaftlicher Machtverhältnisse gemeinsam analysiert und so verändert, dass sie den Zielen und Bedürfnissen der Frau besser entsprechen und weniger negative Folgen und Leid mit sich bringen. Das kann zunächst auch bedeuten, dass das Ziel verfolgt wird, in der gewaltsamen Beziehung zu bleiben. Der*die Therapeut*in unterstützt dann darin, wie die Frau sich zunehmend schützen kann.

Empowermentarbeit im therapeutischen Setting umfasst, über rechtliche Handlungsmöglichkeiten aufzuklären, ggf. Kontakte zu einer Schuldnerberatung oder zu einer Erziehungs- und Familienberatungsstelle aufzubauen. Das stärkt die Alltagsstabilität und die Ressourcen der Betroffenen und hat immer Vorrang vor der Bearbeitung innerer Themen (vgl. Kuitunen-Paul et al., 2022). Hierfür ist ein vernetztes Arbeiten nötig (▶ Kap. 7).

Durch gemeinsame Entscheidungsfindungen wird der Erfahrung entgegengewirkt, dass sich die Frau wie in der Vergangenheit erneut unterordnen muss oder zu Dingen gezwungen beziehungsweise gedrängt wird, die sie nicht möchte. Interventionen, die dabei helfen, Stärken, Erfolge, Selbstfürsorge und Selbstmitgefühl zu stärken, sind sehr hilfreich, um den durch Gewalt häufig vermittelten geringen Selbstwert zu stärken (vgl. Watanabe, 2020; Pemberton & Loeb, 2020).

In der Position als Lernende fordert der*die Therapeut*in kontinuierlich Feedback von der Frau als Expertin ihrer Selbst ein und ermuntert sie, Nachfragen zu stellen. Es wird eine Art Routine etabliert, wie Feedback eingeholt werden kann. Und der*die Therapeut*in trägt dafür Sorge, dass diese Vereinbarung für ein Feedback genau eingehalten wird:

- Was ist hilfreich in der Therapie?
- Was fühlt sich weniger hilfreich an?
- Was in der Beziehung lässt einen unwohl fühlen?
- Was sind die wichtigsten Ziele für die nächsten drei bis vier Therapiesitzungen?

Therapierahmen transparent machen

Als gewaltbetroffene Frauen danach gefragt wurden, was sie besonders wichtig in der Therapie fanden und was ihnen geholfen hat, sich von der Gewalterfahrung wieder zu erholen, gaben sie folgende Erfolgskriterien an (vgl. McEvoy & Ziegler, 2006):

- Die therapeutische Beziehung und dass der*die Therapeut*in an die Genesung geglaubt und diese Zuversicht und Hoffnung ausgesprochen hat.
- Der*die Therapeut*in war sich der Machtunterschiede bewusst, hat diese aber nicht missbraucht. Er*sie hat erklärt, was er*sie warum macht, und hat die Frau in die Entscheidungsfindung mit einbezogen.
- Der*die Therapeut*in hat erklärt, dass die Grenzen dazu beitragen, dass die Frau sich besser fühlt.
- Grenzen und Regeln wurden in der Therapie besprochen, und auch, wenn diese geändert wurden. Das hat dazu beigetragen, Grenzen und Regeln im eigenen Leben zu kommunizieren.

Insofern ist es hilfreich, wenn der äußere Rahmen einer Therapie konkret benannt wird:

- Welche Richtlinien gibt es?
- Welche therapeutischen Methoden und welches Vorgehen wendet der*die Therapeut*in an?
- Was sind die Grenzen bei einer Therapie?
- Welche Erwartungen hat die Frau?
- An wen kann sich die Frau wenden, wenn etwas im Rahmen der Therapie nicht gut läuft, wenn sie sich beraten lassen will und ggf. eine Beschwerde formulieren möchte?

Zu Beginn einer Therapie sind dies viele Informationen. Sie sollten daher auch verschriftlicht mitgegeben werden.

Wenn die Regeln geändert werden, zum Beispiel wenn es eine Zusatzstunde gibt, sollte kommuniziert und geprüft werden, inwiefern diese Regeländerung dazu beiträgt, dass das Machtgefälle in der Therapie reduziert wird. Welche Auswirkungen hat diese Regeländerung auf die Beziehung zwischen Therapeut*in und Klientin?

Trotz aller Bemühungen können Probleme in der Beziehung zwischen Therapeut*in und Klientin auftreten, die möglicherweise in Zusammenhang mit unklaren Grenzen stehen. Folgende Fragen können bei einer Reflexion Orientierung geben (vgl. McEvoy & Ziegler, 2006):

- Hat meine Machtposition zu diesem Problem beigetragen?
- Werden meine Bedürfnisse im Vergleich zu denen der Klientin als wichtiger bewertet?
- Ist mein Bedürfnis zu helfen wichtiger als meine Beurteilung, was das Beste für sie wäre?
- Was müsste ich tun, um die Beziehung wieder sicher und unterstützend zu gestalten?
- Wäre eine Intervention/Supervision für mich sinnvoll, um mein eigenes Verhalten und die Situation besser zu verstehen?
- Verhindert mein Eindruck, Grenzen überschritten zu haben, dass ich mir externe Unterstützung suche?
- Wird mein Widerwille, mit jemandem über den Vorfall zu reden, dazu beitragen, dass ich mich weiter verstricke?

Grenzverletzungen

Meist sind es erst kleinere Grenzüberschreitungen, die passieren, bis ein gravierender Missbrauch stattfindet, was im Englischen *slippery slope* – bildhaft: ein rutschiger Abhang – genannt wird (Franke & Riecher-Rössler, 2011). Diese Grenzüberschreitungen können auf vielfältige Art und Weise stattfinden: in Form von finanzieller Ausbeutung, abwertenden oder erniedrigenden Äußerungen (über Aussehen, Alter, Gender, Leistungen), in Form von Schweigepflichtverletzungen, zu spät abgeschlossener Therapie, als Ausnutzung der Idealisierung oder von Unkenntnis oder in Form von sexuellen Übergriffen. Weitere Beispiele sind: Geschenke zu geben oder anzunehmen, ausgeprägte Selbstoffenbarungen oder die Annahme, die eigenen Wertvorstellungen würden sich mit denen der Frau decken, Überschneidungen im Freundes- und Bekanntenkreis, Aufsuchen derselben Lokalität, Umarmungen und Berührungen (vgl. Hülsmann, 2011, Franke & Riecher-Rössler, 2011).

Die folgenden Fragen können dabei unterstützen, sich über die Grenzen in der therapeutischen Beziehung Gedanken zu machen und diese kritisch zu reflektieren (in Anlehnung an den von Franke (vgl. Franke & Riecher-Rössler, 2011) ins Deutsche übersetzten Selbstbeurteilungsfragebogen):

- Wie fühle ich mich, wenn bestimmte Klientinnen die Therapiestunde verlassen und warum?
- Würde ich die Behandlung von Klientinnen, die mir undankbar erscheinen, am liebsten abbrechen?
- Vermeide ich die Beendigung einer Therapie, wenn mir die Klientin von mir emotional abhängig erscheint?
- Bevorzuge ich Klientinnen, die meine Anweisungen befolgen/meine Sichtweisen teilen?
- Wie fühle und wie verhalte ich mich gegenüber Klientinnen, die sich trotz eines erwarteten Behandlungsergebnisses beschweren?
- Verwende ich unangemessen viel Zeit darauf, über bestimmte Klientinnen nachzudenken?
- Hindere ich – absichtlich oder unabsichtlich – durch Wortwahl, Tonfall oder Haltung mein Gegenüber daran, sich an Entscheidungen ihre Gesundheit betreffend zu beteiligen?
- Nehme ich unangemessene Geschenke an?
- Suche ich Rat bei einer Klientin, um daraus persönlichen Vorteil zu ziehen?
- Lege ich mehr Wert auf mein äußeres Erscheinungsbild, wenn ich weiß, dass ich eine bestimmte Klientin sehen werde?
- Mache ich mehr persönliche Details als klinisch nötig ausfindig, um mehr über das Privatleben meines Gegenübers zu erfahren?
- Mache ich regelmäßig spezielle Arrangements, beispielsweise Termine zu ungewöhnlichen Zeiten, an ungewöhnlichen Orten, Termine länger als gewöhnlich?
- Behandle ich Klientinnen, die ich attraktiv oder wichtig finde, anders?
- Teile ich private Probleme mit Klientinnen?
- Habe ich Gedanken oder Phantasien, einer bestimmten Klientin näher zu kommen?
- Suche ich den sozialen Kontakt außerhalb der Therapiestunde? Wenn ja, warum?
- Erzähle ich Dinge, um zu beeindrucken? Wenn ja, warum?
- Bin ich aufgeregt oder habe ich Sehnsucht zwischen den Stunden?
- Empfinde ich es als Bestätigung, wenn sich die Klientin verführerisch verhält?
- Bitte ich um persönliche Gefallen?
- Mache ich Geschäfte mit der Klientin?

Supervision und Intervision sollten dringend genutzt werden, um das eigene Verhalten diesbezüglich vertiefend zu reflektieren und zu klären (vgl. Hülsmann, 2011).

Eigene Grenzen anerkennen

An dieser Stelle sollen auch die Themen Selbstfürsorge für Therapeut*innen beziehungsweise Grenzen der Therapeut*innen kurz in den Blick rücken. Die eigenen Bedürfnisse als Psychotherapeut*in sind genauso wichtig wie die der Frau. Therapeut*innen erleben oft in der Arbeit mit gewaltbetroffenen Frauen den langsamen Beziehungsaufbau als besonders herausfordernd. Der Prozess erfordert viel Geduld und kann an die eigene Belastungsgrenze gehen. Es ist dringend erforderlich, auf die eigene Psychohygiene zu achten, für die eignen Grenzen achtsam zu sein, die eigene Betroffenheit sowie Ohnmachtsgefühle oder Angst vor den Täter*innen zu reflektieren. Möglicherweise treten starke Gefühle und Reaktionen auf, wenn man erfährt, welche Übergriffe und Gewalt der Frau angetan wurden und werden.

Insbesondere wenn Psychotherapeut*innen selbst einmal Gewalt erfahren haben und/oder aktuell erleben, können die Reaktionen heftig sein. Es ist daher sehr wichtig, diese Gefühle und Impulse genau wahrzunehmen, zu verstehen und sich um sich selbst gut zu kümmern, um in der therapeutischen Beziehung präsent und authentisch bleiben zu können. Viele Therapeut*innen betonen daher, wie wichtig es ist, in Austausch zu sein, in Form von Supervision, Intervision und Qualitätszirkeln, und wie wichtig es ist, mit anderen Versorgungsbereichen vernetzt zu sein (vgl. WHO, 2022a; Kirchner, 2022).

5.6 Empfehlungen aus Betroffenensicht

Abschließend werden die Sichtweisen von Betroffenen dargestellt und was sie unter guter Praxis verstehen. Kavemann, Nagel und Grafe (2022) haben gewaltbetroffene Frauen gefragt, was sie im Kontakt mit Fachkräften als unterstützend und hilfreich erleben.

Die Frauen wünschen sich Empathie und Mitgefühl, sich angenommen und verstanden zu fühlen, ernst genommen zu werden, ohne bewertet zu werden, um sich aufgehoben und in Sicherheit fühlen zu können. Sie möchten nicht von oben herab behandelt oder bevormundet werden, sondern in ihren Stärken anerkannt werden. Eine gute Praxis kann bedeuten, dass die Fachkraft den Ernst der Situation spiegelt, auch wenn die Frau selbst die Wahrnehmung noch nicht teilt, und dass die Gefährdung ernst genommen wird, der Frau Glauben geschenkt und sie nicht angezweifelt wird.

> »Das Ganze ernst nehmen und auch zuhören und nicht abschlagen. Wenn eine Frau sagt, dass sie wirklich Angst hat, dann sollte man sich wirklich intensiv damit befassen. […] Ich habe jetzt fünf Körperverletzungen hinter mir […], da hätte schon viel früher gehandelt werden können. Immer dieses ›ja, das sind nur Drohungen, der macht ja eh nichts‹ und so.« (ebd., S. 11).

Von großer Bedeutung ist, dass die Fachkraft *sich auskennt*, kompetent die Gefährdungslage einschätzen kann, passgenau Informationen zu Angeboten weitergeben kann und in diese vermittelt, sich für eine Kette an Weitervermittlung engagiert und Transparenz bei Entscheidungen herstellt. Frauen wünschen sich praktische Unterstützungsangebote, das heißt Hilfe dabei, finanzielle Unterstützung zu organisieren, eine eigene Wohnung zu suchen und bei bürokratischen Prozessen. Gerichtsverfahren sollten als eine besondere Herausforderung erkannt werden, bei der eine parteiliche Unterstützung wichtig ist.

Ähnliche Erwartungen an die Psychotherapie formuliert der Betroffenenrat des Traumanetz Berlin (2023, 2022, 2021). Psychotherapeut*innen sollten wissen, was Gewalt mit der Seele Betroffener macht und wie geschlechtsspezifische Gewalt in unserer Gesellschaft verankert ist. Betroffene Frauen erwarten eine klare Positionierung gegen Gewalt (»Ich glaube Ihnen, was Sie erzählen. Es gibt keine Entschuldigungen, auch absolut keine Rechtfertigungen für das, was Ihnen angetan wurde« Betroffenenrat Traumanetz Berlin, 2022, S. 3). Statt immer weiter nachzufragen und zu bohren, möchten Frauen gefragt werden, was sie jetzt gerade brauchen, was jetzt hilfreich ist. Sie wünschen sich, wirklich nur das zu erzählen, was sie möchten, ohne in Details gehen zu müssen. Sie erhoffen sich ein Gegenüber, das empathisch ist statt distanziert, nicht nach dem *Warum* gefragt zu werden, nicht abgewiesen und weiterverwiesen zu werden.

Betroffene möchten die Kontrolle über die Themen in der Therapie behalten. Sie möchten, dass ein *Nein* respektiert wird und dass sie als Expert*innen ihres eigenen Lebens begriffen werden:

> »Die Betroffene hat die beste Expertise über sich und ihre Erfahrungen, was ihr guttut und was nicht – die Therapeut*in ist die Lotsin zu einer verbesserten Situation für die betroffene Frau, die ›Lotsin zur Lösung‹« (Betroffenenrat Traumanetz Berlin, 2023, S. 2).

Die Frauen wünschen sich, in ihrer Einzigartigkeit individuell erkannt zu werden, statt schematisch mittels einer Diagnosekategorie gesehen zu werden. Sie verlangen einen »respektvolle[n] Umgang mit der Betroffenen als Mensch und als Frau, die gewaltbetroffen und nicht ›verrückt‹ ist, sondern die ist, die sie ist, aufgrund der Gewalterfahrung, die sie hatte [...]« (Betroffenenrat Traumanetz Berlin, 2021).

Sie möchten verständlich zu den verschiedenen Therapieformen informiert werden und neben einer mündlichen Aufklärung auch eine schriftliche Informationsbroschüre erhalten, um eine informierte Entscheidung treffen zu können. Sie wünschen sich, dass Therapeut*innen mit Beratungsstellen und dem Selbsthilfebereich vernetzt sind und transparent zusammenarbeiten.

Sie möchten transparent über Rechte aufgeklärt werden, auch über mögliche Beschwerdewege, sollte etwas im Rahmen einer Therapie schieflaufen. Fachkräfte sollten proaktiv um Rückmeldungen bitten, zu Beginn einer Therapie sowie fortlaufend. Sie sollten die Grenzen von Therapie transparent kommunizieren und fortlaufend Supervision und Fortbildung zum Thema erhalten.

Schließlich fordert der Betroffenenrat auch, dass sich Therapeut*innen mit eigenen möglichen Gewalterlebnissen auseinandersetzen und deren Einfluss auf den Therapieprozess professionell reflektieren.

Bei der Beziehungsgestaltung mit Frauen, die aktuell Partnerschaftsgewalt erleben, sollte folgendes beachtet werden:

- Balance zwischen Empathie und Distanz (aus-)halten
- Wertfreies Herangehen, Schamkompetenz und Vermeiden von *Victim Blaming*
- Offenheit für Perspektivwechsel (Not und Ambivalenzen der Beteiligten wahrnehmen und anerkennen)
- Ressourcenorientierter und vertrauensvoller Ansatz, um Veränderungen anzustoßen
- Transparenz herstellen (informieren, eigene Handlungsschritte nachvollziehbar darstellen, Grenzen aufzeigen), Wahlmöglichkeiten eröffnen und Zusammenarbeit fördern

6 Mitbetroffene Kinder

»47-Jähriger soll Ehefrau getötet und Tochter verletzt haben
Die Polizei in Dortmund hat einen Mann festgenommen. Er wird verdächtigt, seine 40 Jahre alte Frau bei einem Streit tödlich verletzt zu haben. Während der Tat sollen auch vier Kinder in der Wohnung gewesen sein, […] im Alter von sechs bis zwölf Jahren« (Spiegel, 27.11.2023).

Lange Zeit wurde bei Partnerschaftsgewalt nicht berücksichtigt, dass Kinder immer auch mit betroffen sind. Im ersten Abschnitt wird daher dargestellt, auf welche Art und Weise Kinder die Gewalt miterleben können und wie viele Kinder betroffen sind. Anschließend werden die Folgen von häuslicher Gewalt für die Kinder beschrieben. Durch dieses Basiswissen sollen Therapeut*innen, die primär mit den Müttern zusammenarbeiten, darauf aufmerksam gemacht werden, immer auch die Bedarfe und Perspektiven der Kinder mit im Blick zu behalten, auch wenn sie nicht der Fokus der Therapie sind. Die vorliegenden Informationen können für Gespräche mit der Mutter genutzt werden, um sie für die Sichtweisen und das Erleben der eigenen Kinder zu sensibilisieren. Es wird dafür plädiert, die Bedürfnisse von sowohl Müttern als auch Kindern im Blick zu behalten und es werden konkrete Handlungs- und Gesprächsempfehlungen für diese Arbeit gegeben.

6.1 Wie und wie häufig sind Kinder von Partnerschaftsgewalt mitbetroffen?

Insgesamt können Kinder auf vielfältige Art und Weise durch die Gewalt des Vaters gegen die Mutter betroffen sein (vgl. Landschaftsverband Westfalen Lippe, 2022):

- Kinder können durch eine Vergewaltigung gezeugt sein.
- Kinder können noch während der Schwangerschaft misshandelt worden sein.
- Sie können direkt von körperlicher Gewalt betroffen sein.
- Sie können in einer Atmosphäre von Angst und Demütigung aufwachsen.
- Kinder können dem gewaltbetroffenen Elternteil versuchen beizustehen und überfordert sein. Ständige Angst um das Leben und Wohlergehen des Elternteils, extreme Ohnmacht und Hilflosigkeit sind die Folge.

- Eine sichere Bindung zu beiden Elternteilen kann gestört sein (Verlust von emotionaler Sicherheit, wenn die enge Bezugsperson permanent bedroht ist) und Loyalitätskonflikte können entstehen.
- Ihre Grundbedürfnisse können vernachlässigt werden.
- Sie können von Trennungs- und Umgangssituationen und damit zusammenhängender Gewalt belastet sein.
- Sie können (bei Trennung) ermordet werden.

Leider fehlen grundlegende Daten zur Prävalenz der verschiedenen Mitbetroffenheit der Kinder. Es gibt Daten aus Sicht von gewaltbetroffenen Müttern, die retrospektiv angeben, inwiefern Kinder betroffen sind. Und es gibt Daten von Erwachsenen, die retrospektiv angeben, ob sie von Partnerschaftsgewalt in der Kindheit betroffen waren. Beide Datensätze werden nachfolgend vorgestellt. Zudem werden Daten zu verschiedenen sogenannten belastenden Kindheitserlebnissen (adverse childhood experiences) referiert, wozu auch Partnerschaftsgewalt und Kindesmisshandlung zählen, da sie in einem deutlichen Zusammenhang miteinander stehen und einen großen Einfluss auf den Lebensverlauf und die psychische Gesundheit betroffener Kinder haben. Abschließend wird der Forschungsstand zum Zusammenhang von Partnerschaftsgewalt und Erziehungsfähigkeit sowie -verhalten der Eltern dargestellt.

Fragt man die Mütter, so geben 60 % der Frauen mit Gewalterfahrungen in der letzten Paarbeziehung an, dass zu dem Zeitpunkt der Gewalt Kinder mit im Haushalt lebten (Schröttle & Müller (2004). Etwa die Hälfte der Mütter, berichtet davon, dass ihre Kinder die Gewalt gehört oder gesehen haben. Kinder können auch direkt zum Ziel von Gewalt werden. Mütter geben an, dass die Kinder in etwa einem Viertel der Fälle in Auseinandersetzungen mit hineingeraten sind oder versucht haben, die Betroffene zu verteidigen. Jedes 10. Kind sei dabei selbst körperlich angegriffen worden (Schröttle & Müller, 2004).

Inwiefern decken sich die Perspektiven von Müttern und Kinder, wenn sie darüber sprechen, was Kinder von der Gewalt mitbekommen? In einer Studie von Seith und Kavemann (2007), in der gewaltbetroffene Mütter und Kinder befragt wurden, geben 92 % der Kinder an, die Tat gesehen zu haben, 50 % der Mütter bestätigen das. Und 77 % der Kinder sagen aus, selbst Gewalt erlebt zu haben, wobei die Mütter dies in nur 10 % der Fälle bejahte. Demnach scheinen Mütter die Betroffenheit der Kinder tendenziell zu unterschätzen.

Belastende Kindheitserlebnisse

In der repräsentativen Untersuchung von Clemens, Plener, Kavemann, Brähler, Strauß und Fegert (2019) wurden Jugendliche ab dem 14. Lebensjahr in Deutschland zu belastenden Kindheitserlebnissen (*adverse childhood experiences*) befragt. Häusliche Gewalt ist ein Beispiel für ein belastendes Kindheitserlebnis. 9,8 % der Befragten berichteten von Gewalt gegen die Mutter.

Insgesamt können belastende Kindheitserlebnisse grob in zwei Kategorien eingeteilt werden. Sie umfassen Kindesmisshandlungen und Belastungen in Zusammenhang mit dem Haushalt. Zu den Belastungen im Haushalt zählen: Psychische Erkrankung eines Elternteils, Suchterkrankung eines Elternteils, Gefängnisaufenthalt eines Elternteils, häusliche Gewalt oder Trennung der Eltern.

Forschung hat gezeigt, dass häusliche Gewalt meist mit anderen Belastungen einhergeht. Laut einer Studie aus dem US-amerikanischen Raum erlebt jemand, der in der Kindheit häusliche Gewalt erfahren musste, mit 95-prozentiger Wahrscheinlichkeit ein weiteres belastendes Kindheitserlebnis, mit 82-prozentiger Wahrscheinlichkeit noch zwei weitere und mit 64-prozentiger Wahrscheinlichkeit drei oder mehr belastende Kindheitserlebnisse (Dong, Anda, Felitti, Dube, Williamson, Thompson, Loo & Giles, 2004; Felitti, Anda, Nordenberg, Williamson, Spitz, Edwards, Koss & Marks, 1998).

Übt ein Elternteil gegen das andere Gewalt aus, besteht ein hohes Risiko, dass auch das Kind misshandelt wird oder dass es nicht in ausreichendem Maß von seinen Eltern versorgt wird. Bei Partnerschaftsgewalt besteht (vgl. Clemens et al., 2019):

- ein 4.4-fach erhöhtes Risiko für sexuellen Missbrauch
- ein 5.2-fach erhöhtes Risiko für emotionale Vernachlässigung
- ein 6.5-fach erhöhtes Risiko für emotionale Misshandlung
- ein 8.8-fach erhöhtes Risiko für körperliche Misshandlung
- ein 10.3-fach erhöhtes Risiko für körperliche Vernachlässigung (vgl. Clemens et al., 2019)

Mädchen sind im Vergleich zu Jungen durchweg stärker betroffen:

- körperlicher Missbrauch: Mädchen mit einem Odds-Ratio von 10.0, Jungen mit einem Odds-Ratio von 7.8
- sexueller Missbrauch: Mädchen mit einem Odds-Ratio von 6.14, Jungen mit einem Odds-Ration von 2.78
- körperliche Vernachlässigung: Mädchen mit einem Odds-Ratio von 11.65, Jungen mit einem Odds-Ratio von 9.13 (vgl. Clemens et al., 2019)

Eine andere Annäherung an die Frage, wie häufig Kinder betroffen sind, ist über die Häufigkeit traumatischer Ereignisse möglich, die mittels des international gängigen *Childhood Trauma Questionnaires*[1] erhoben werden können. Partnerschaftsgewalt wird dort nicht direkt erfasst, aber Gewalt gegen das Kind und das Familienklima. In der retrospektiven Studie von Häuser, Schmutzer, Brähler und Glaesmer (2011) wurden 2.504 Jugendliche und Erwachsene zu ihren Vernachlässigungs- und Misshandlungserfahrungen in Kindheit und Jugend befragt. Werden auch geringere Erfahrungen von Vernachlässigung einbezogen, berichten fast 50 % der Befragten von körperlicher und/oder emotionaler Vernachlässigung. Schwere körperliche Vernachlässigung lag bei 10,8 % und schwere emotionale Vernachlässigung bei 6,6 % der Befragten vor.

---

1 In der deutschen Übersetzung verfügbar unter https://www.comcan.de/fileadmin/downloads/2017_03_16_-_comcan_-_5-CTQ.pdf , Zugriff am 26.01.2024.

Erziehungsfähigkeit und -verhalten der Eltern

Kinder können durch die Partnerschaftsgewalt auch insofern mitbetroffen sein, dass die Gewalt die Erziehungsfähigkeit und das -verhalten der Eltern beeinflusst. Forschung hat gezeigt, dass Väter, die gegenüber der Partnerin gewalttätig sind, meist sehr selbstbezogen sind und eher einen autoritären Erziehungsstil aufweisen. Das erschwert die Möglichkeit, eine positive Beziehung zum Vater erleben zu können. Gewalttätige Väter können in der Regel auch schlecht Wertschätzung in Bezug auf die Beziehung zwischen Mutter und Kind vermitteln.

Erstaunlicherweise zeigt die Forschung, dass Mütter trotz der erlebten Gewalt größtenteils ein unauffälliges Fürsorge- und Erziehungsverhalten haben (vgl. Kindler, 2013). Es gibt allerdings auch dahingehende Befunde, dass Eltern mit eigenen traumatischen Bindungserfahrungen ihre Kinder in Belastungssituationen weniger gut trösten können, sich sehr aggressiv und bestrafend und sich negativ übergriffig verhalten können (sich lustig machen und das Kind nachäffen), ihre Elternrolle ans Kind abgeben und sich emotional zurückziehen (vgl. Ziegenhain et al., 2022).

Meist verbessert sich das Erziehungsverhalten nach einer Trennung, weil dann auch im Schnitt die psychische Belastung der Mutter sinkt. Durch geeignete Hilfen zur Erziehung kann diese (vorübergehende) Einschränkung schnell ausgeglichen werden. Umgekehrt haben Studien allerdings auch gezeigt, dass Mütter die negativen Effekte für die Entwicklung der Kinder bei einer Fortsetzung der Gewaltbeziehung nicht ausgleichen können.

> Studien belegen, wie häufig und auf vielfältige Art und Weise Kinder mitbetroffen sind und dass meist weitere Belastungen für die Kinder hinzukommen, wenn Partnerschaftsgewalt vorliegt. Daher ist es wichtig, dass Therapeut*innen aus dem Erwachsenenbereich systematisch auch die Bedarfe der Kinder mit in den Blick nehmen. Therapeut*innen können die Mutter darüber informieren, welche Belastungen und Gefahren für die Kinder entstehen können. Damit bieten sie einen Raum, in dem sich die Mutter mit ihren Sorgen um die Kinder öffnen kann und gemeinsam Perspektiven entwickelt werden können.

6.2 Welche Folgen hat die Partnerschaftsgewalt für die Kinder?

»Die Mama hat so geweint. Das hab ich durch die Wand gehort. Wir Kinder haben uns unter der Bettdecke versteckt. Das war ganz schlimm. (Mädchen, 9 Jahre)

Die Mama hat geblutet. Dann hab ich solche Angst gehabt, dass sie sterben muss. Aber ich konnte gar nix machen. (Junge, 7 Jahre)« (Kindler, 2013, S. 27).

In welcher Weise sich das Miterleben von Gewalt in der elterlichen Beziehung auf Leben und Gesundheit von Kindern auswirkt, wird von vielen Faktoren beeinflusst (vgl. Bundschuh, 2023). Hierzu zählt u. a.:

- die Art der Gewalt
- wann die Gewalt begonnen hat, beziehungsweise wie alt die Kinder zu dem Zeitpunkt der Gewalt waren
- wie lange sie angedauert hat
- wie schwer sie war
- die Ressourcen der Kinder und die des sozialen Umfelds

Die Gewaltsituation, deren Unberechenbarkeit, die permanente Bedrohungssituation für die Mutter, für die anderen Geschwister und einen selbst erzeugen emotionalen Stress. Die Kinder stehen unter dauerhaftem Stress, ihr Stresshormonsystem verändert sich und die Selbstregulation des autonomen Nervensystems ist beeinträchtigt. Kinder gewöhnen sich insofern nicht an die Belastungssituationen, sondern entwickeln intensivere Alarm- und Belastungsreaktionen auch bei *milden* Bedrohungssituationen gegenüber der Mutter. Es ist nicht nur körperliche Gewalt, sondern es sind auch Drohungen, Demütigungen und Kontrolle, die zu Belastungen für die Kinder führen. Kinder verlieren ihr Gefühl für emotionale Sicherheit. Sie machen sich berechtigterweise Sorgen um die Sicherheit der Mutter, um die ihrer Geschwister und um die eigene Sicherheit. Ein ständiges Gefühl des Bedrohtseins beherrscht den Alltag. Das kann dazu führen, dass sie anfälliger für psychische Belastungen sind und auch gleichzeitig weniger Kapazitäten fürs Lernen oder Entwicklungen zur Verfügung haben im Vergleich zu anderen Kindern (Kindler, 2013).

Je nach Alter des Kindes können unterschiedliche Belastungen im Vordergrund stehen. Säuglinge entwickeln eher Regulationsstörungen, Kleinkinder eher Regressionen auf frühere Entwicklungsstufen. Erhöhte Unruhe, Irritierbarkeit und Trennungsängste werden beschrieben (Kindler, 2022; Brisch, 2013). Die Folgen können auch erst nach einer gewissen Zeit auftreten. Kinder, die häufig und in jungen Jahren Partnerschaftsgewalt erlebt haben, können erst im Grundschulalter mit aggressivem Verhalten auffällig werden (sogenannter *Sleeper-Effekt*) (vgl. Ziegenhain, Kindler & Meysen, 2022).

> »Die Schläge, die meine Mama bekam, spürte ich in meinem Bauch von einem hin und her Zerren [...] das machte mich traurig, und [ich] bekam Angst. Mein Bauch hatte Angst, manchmal hatte er um meine Mama Angst, manchmal sogar hatte ich um meinen Vater Angst. Dass er nicht weiß, was er tut« (Strasser, 2013, S. 49).

Manche Kinder fühlen sich überfordert aus einem Verpflichtungsgefühl heraus, die Mutter trösten, schützen und versorgen zu wollen. Sie können zu viel Verantwortung für die Mutter und jüngere Geschwister übernehmen (Parentifizierung). Es können Loyalitätskonflikte zu dem gewalttätigen Vater entstehen, aber auch Wut gegenüber der Mutter, wenn diese sich nicht trennt und dadurch die Gewalt beendet. Die gewalttätigen Väter können den Kindern gegenüber die Mutter als Schuldige darstellen, den Kindern damit drohen, dass sie sich selbst etwas antun. Kinder können sich dadurch zwischen Vater und Mutter hin- und hergerissen fühlen, eine Trennung kaum ertragen, auch wenn die fortdauernde Gewalt ebenfalls als unerträglich erlebt wird. Kinder können sich auch für die Gewalt zwischen den Eltern verantwortlich fühlen, was dadurch verstärkt wird, dass der Vater das Erziehungsverhalten der Mutter als vermeintliche Begründung heranzieht für sein gewalttätiges Verhalten (vgl. Strasser, 2013).

Mitbetroffene Kinder entwickeln häufig Überlebensstrategien, die längerfristig betrachtet zur Belastung für sie werden können (vgl. Landschaftsverband Westfalen Lippe, 2022; Kindler, 2013). Konzentrationsschwierigkeiten können entstehen, da sie oft an zuhause denken, was wiederum zu Problemen in der Schule führen kann und Auswirkungen auf ihre Berufschancen und das später erreichbare Einkommen haben kann. Es gibt Hinweise darauf, dass Kinder, die Partnerschaftsgewalt erleben müssen, aggressiver sind. Sie wenden diese Aggressionen gegen sich selbst oder gegen andere, sie haben eher Schwierigkeiten, positive Freundschaften aufzubauen und weniger Strategien zur Konfliktlösung.

Dabei scheinen die Folgen von Gewalt für Jungen und Mädchen unterschiedlich zu sein. In der unsicheren Situation von Gewalt, Bedrohung und Angst entwickeln sich vermehrt stereotype Genderrollenbilder, die wiederum dazu beitragen, dass für Mädchen ein höheres Risiko entsteht, später in eine Beziehung mit einem gewalttätigen Partner zu geraten, für Jungen eher das Risiko, später in der eigenen Partnerschaft Gewalt auszuüben (vgl. de Andrade & Gahleitner, 2022). Entsprechend sind auch externalisierende Verhaltensauffälligkeiten etwas häufiger bei Jungen. Internalisierende Auffälligkeiten wie Ängste und Depressionen betreffen Mädchen wie Jungen gleichermaßen (Kindler, 2022). Mädchen sind im Vergleich zu Jungen doppelt so häufig von einer PTBS betroffen (Böhm, Mall, Riedel-Wendt, Stellermann-Strehlow, Streeck-Fischer & Woud, 2019). Mädchen zeigen die Auffälligkeiten zudem eher später im Entwicklungsverlauf (Ziegenhain et al., 2022).

Partnerschaftsgewalt und die Folgen davon können von einer zur nächsten Generation weitergegeben werden, was mit dem Begriff Transgenerationalität umschrieben wird. Kinder erleben Gewalt direkt und indirekt mit, können als Jugendliche in der eigenen ersten Partnerschaft Gewalt erleben und dann später erneut im Erwachsenenalter. Der Versuch der Eltern, mit dem eigenen Trauma umzugehen, die Traumakompensation beispielsweise in Form von Sucht oder Depression, kann zur Traumatisierung der Kinder werden. Auch Bindungsstörungen können zur nächsten Generation weitergegeben werden, solange, bis die traumatischen Erfahrungen der Eltern verarbeitet wurden. So weisen etwa 80 % der Kinder von traumatisierten Eltern einen desorganisierten Bindungsstil auf (Brisch, 2010).

Insgesamt haben im Mittel Kinder, die von Partnerschaftsgewalt betroffen sind, ein fünffach erhöhtes Risiko, psychische Störungen im Lebensverlauf zu entwickeln (Kindler, 2013). Es besteht ein hoher Zusammenhang zwischen Misshandlungs- und Vernachlässigungserfahrungen im Kindesalter und schlechter Gesundheit sowie geringer Lebenszufriedenheit im Erwachsenenalter (vgl. Clemens et al., 2019). Aus der Forschung zu belastenden Kindheitserlebnissen weiß man um das sogenannte Dosis-Wirkungs-Prinzip, das besagt, dass die Belastungen im Lebensverlauf umso stärker sind, je mehr belastende Kindheitserlebnisse vorliegen. Liegen zum Beispiel sowohl Partnerschaftsgewalt als auch Misshandlung vor (die Überschneidung liegt bei ca. 40 %), sind Kinder in ihrer Entwicklung stärker beeinträchtigt. Kinder, die von sowohl Partnerschaftsgewalt als auch von einer elterlichen Suchterkrankung oder psychischen Erkrankung eines Elternteils betroffen sind, sind schwerer belastet als Kinder, die nur eine der drei Belastungen der »toxischen Trias« (Kindler, 2022, S. 16) erfahren. Kinder von psychisch kranken oder suchtkranken Eltern allein haben ein drei- bis sieben-fach erhöhtes Risiko, selbst eine psychische Erkrankung zu entwickeln (Wiegand-Grefe, Sell, Filter & Plass-Christel, 2019). Zugleich tragen sie ein erhöhtes Risiko, Opfer von Vernachlässigung und Misshandlung zu werden (Albermann, Wiegand-Grefe & Winter, 2019).

> Der Großteil der Kinder, die von zwei oder mehr Belastungen betroffen sind, können sich ohne Intervention nicht positiv entwickeln (Kindler, 2013, 2022). Umgekehrt bedeutet dies aber auch, dass es bestimmte Schutzfaktoren gibt, die dazu beitragen, dass Kinder lernen, ihre Emotionen zu regulieren und sich auf positive Weise mit der Welt auseinanderzusetzen.

Schutz- und Resilienzfaktoren

Welche Schutz- oder Resilienzfaktoren sind aus der Forschung bekannt, die einen entscheidenden Unterschied ausmachen können? Eine feinfühlige Bezugsperson (inner- oder außerfamiliär), die zuverlässig und dauerhaft in der Lage ist, die Bedürfnisse des Kindes zu erkennen, zu interpretieren und angemessen darauf einzugehen, kann ein bedeutender Schutzfaktor sein, um psychisches Wohlbefinden sowie Beziehungs- und Kompetenzentwicklung zu fördern (vgl. Korittko, 2022; Gahleitner, 2009). Die Zugehörigkeit zu einer sozialen Gruppe wie einem Sportverein oder einer kirchlichen Gemeinde, in denen Kompetenzen anerkannt werden, kann resilienzfördernd wirken. Klare Rollenmodelle, gute Beziehungen zu Gleichaltrigen, effektive Lernmöglichkeiten, Schutz vor wiederholtem, unkontrollierbarem Stress wirken ebenfalls gesundheitsförderlich (vgl. Korittko, 2022).

Insofern kann eine psychotherapeutische Praxis, die eigentlich primär mit der Mutter arbeitet, auch positive Anstöße in diese Richtung vermitteln. Sie kann Mütter und deren Kinder dabei unterstützen, einen konstruktiven Umgang mit dem Gewalterleben gemeinsam zu finden. Wie genau Therapeut*innen für die Bedarfe und Interessen der Mutter sowie die der Kinder eintreten können, wird in dem folgenden Abschnitt ausgeführt.

6.3 Doppelte Parteilichkeit

Viele Mütter, die von Partnerschaftsgewalt betroffen sind, haben sowohl in Bezug auf die Psychotherapie als auch in Bezug auf die Jugendhilfe Hemmungen, sich mit ihren Ängsten und Sorgen darüber, wie sie ihren Kindern gut begegnen können, zu öffnen. Sie fühlen sich oft sprachlos und isoliert in beiden Systemen. Hinzukommt, dass der gewaltausübende Vater die Therapie der Mutter nicht selten dazu nutzt, um zu erklären, dass die Mutter nicht ausreichend gut für das Kind sorgen könne. Eine Strategie, um psychischen Druck auf die Mutter auszuüben und Angst zu erzeugen.

In der Kinder- und Jugendhilfe wird meist die Mutter adressiert und an sie appelliert, den Schutz ihrer Kinder vor Gewalt sicherzustellen, indem sie sich trennen soll. Wenn sie das nicht schafft, wird es gleichgesetzt, dass sie ihrer elterlichen Pflicht nicht nachkommt. Hilfreicher wäre die Haltung, dass die Mutter zwar die Verantwortung für den Schutz ihrer Kinder und für deren Erziehung hat, aber nicht für die Gewalt, die sie miterleben müssen. Es ist und bleibt der Partner und Vater als Täter in der Verantwortung dafür, die Gewalt zu beenden (vgl. RTB, 2023; Landschaftsverband Westfalen Lippe, 2022).

Was sollte im therapeutischen Setting in der Arbeit mit Müttern, die Gewalt erleben, beachtet werden?

Therapeut*innen sollten dafür sensibel sein, dass Mütter häufig den Vorwurf erhalten, nicht ausreichend gut für ihre Kinder zu sorgen, wenn sie sich nicht trennen. Vielleicht besteht bereits Kontakt zum Jugendamt und die Mutter erlebt entsprechende (Vor-)Haltungen. Vielleicht befürchtet die Mutter eben diesen Vorwurf und hat deswegen noch keinen Kontakt zum Jugendamt aufgenommen, auch wenn sie sich dringend Unterstützung wünschen würde.

> Die therapeutische Beziehung kann als sicherer Rahmen für die Mutter genutzt werden, um über all ihre Befürchtungen und Sorgen in Bezug auf ihre Kinder zu sprechen, in Bezug auf deren Wohlergehen, in Bezug auf das Jugendamt und auch in Bezug darauf, was sie machen kann, um ihre Kinder besser unterstützen zu können.

Dabei befindet sich der*die Therapeut*in immer in einem Spannungsfeld, die Interessen der Klientin, der Mutter, zu vertreten und gleichzeitig die Bedarfe des Kindes im Blick zu behalten. In diesem Prozess kann es Kippmomente geben, wenn die Interessen des Kindes vorrangig werden. Dann geht es primär darum, eine Akutgefährdung zu erkennen und diese unmittelbar abzuwenden. Diese Kippmomente werden später im Abschnitt Kindeswohl (▶ Kap. 6.6) beschrieben.

Nachfolgend wird der Balanceakt näher beschrieben, beide Positionen, die der Mutter und die der Kinder, als Therapeut*in in den Blick zu nehmen. Die Grundhaltung der *doppelten Parteilichkeit* (RTB, 2023) ist hierfür hilfreich. Was bedeutet das konkret?

» Fokussieren Sie Mutter und Kind(er) in ihrer Beziehung – behalten Sie sie als ›Einheit‹ im Blick. Wenn es Ihnen gelingt die Ressourcen und Handlungsmöglichkeiten der Mutter zu stärken, stärken Sie damit in aller Regel auch Schutz und Sicherheit für das Kind/die Kinder« (ebd., S. 4).

Bereits während der Probatorik kann die Beziehungsqualität zu den Kindern und die Bedarfe der Kinder miterfasst werden. Allerdings braucht es oft den Nährboden einer sicheren, vertrauensvollen Beziehung, damit sich eine Mutter mit ihren Sorgen bezüglich der Kinder öffnen kann, weswegen auch während des Therapieverlaufs immer wieder das Gespräch auf dieses Thema gelenkt werden sollte. Es können Berichte von der Mutter über Schwierigkeiten mit dem Kind sein, die hellhörig machen etwa Verhaltensauffälligkeiten des Kindes in der Kita oder der Schule. Gelegentlich berichtet die Mutter, dass das Kind sie vom Aussehen oder dem Verhalten stark an den Täter erinnert, was die Beziehung zum Kind beeinträchtigen kann (vgl. Kaden, 2021).

> »[A]lso ich weiß gar nicht wie ich das erklären soll, also davor war Leo [Sohn] ((erzählt lachend)) so ne Art Trigger für mich immer […] irgendwas lehnt ihn ab in mir […]« (Zillig, 2016, S. 102 f.).

Damit sich die Mutter mit ihren Ängsten und Sorgen vertrauensvoll öffnen kann, ist eine Grundhaltung des*der Therapeut*en hilfreich, die die Frau in ihrer Mutterrolle bestärkt: »Sie wollen gute Mütter sein: wollen ihre Kinder nicht schädigen, sondern sie gut vorbereiten auf die Anforderungen des Lebens« (Kaden, 2021). Eine Grundhaltung, die die Ressourcen der Mutter fördert und Hoffnung vermittelt, dass sie wieder handlungsfähig werden kann beziehungsweise bleibt:

> »[Die Sozialpädagogin] hat halt so, mein mein Leid und meine Freude aber auch geteilt […] also ich war nicht mehr alleine […] es war auch wirklich Hilfe, also es war, so was Gemeinsames […] also sie hat jetzt nie gesagt, Frau Beere, Sie müssen das jetzt aber anders machen […] es war eher so, na können Sie sich nich, was könnten Sie sich denn vorstellen um das besser zu machen […] also sie hat mir eher so selber viel Freiraum gegeben, und, hat so auch an mich geglaubt und an meine Kinder auch […] an die Selbstheilungskräfte« (Zillig, 2016, S. 175).

Nach den Informationen zu Ausmaß, Formen und Auswirkungen des Miterlebens, folgen nun konkrete Empfehlungen für das Ansprechen dieser Themen. Zunächst wird dargestellt, was Mütter benötigen und entsprechende Handlungsempfehlungen und Formulierungshilfen gegeben. Anschließend wird dies aus der Perspektive der Kinder versucht.

6.4 Was benötigen Mütter?

Ein Aspekt bei der Arbeit mit den Müttern beinhaltet, sie darauf aufmerksam zu machen, welche Folgen die Gewalt auf das eigene Leben haben kann, aber auch, welche Folgen sie auf die Beziehung zu den Kindern und welche Folgen es für die Kinder selbst haben kann, Gewalt zwischen den Eltern zu erleben. Hierzu zählen auch die Folgen von häuslicher Gewalt auf die Erziehungsfähigkeit und das -verhalten.

Oft versuchen Mütter, die Gewalt und das Sprechen über die Gewalt von den Kindern fernzuhalten, in dem Glauben, sie dadurch schützen zu können. Die Versuche der Mutter, die Kinder zu schützen, sollten ausreichend gewürdigt werden. Gleichzeitig sollte das Problem aufgezeigt werden, dass Schweigen nie im Interesse des Kindes ist, sondern nur den Täter schützt. Seith und Kavemann (2007) konnten in ihrer Untersuchung aufzeigen, dass die Hälfte der Mütter nicht über das Gewaltgeschehen mit den Kindern spricht, die Mütter sich gleichzeitig aber der Probleme für das Kind sehr bewusst sind (über 80%). Das stellt eine enorme Belastung und Hilflosigkeit der Mütter dar. Die Hälfte gibt an, sich mit der aktuellen Situation überfordert zu fühlen. Wie kann das Thema in der therapeutischen Praxis angesprochen werden?

Oft ist ein Sprechen über die Auswirkungen auf die Kinder sehr beschämend für die Mutter. Daher sollte das Gespräch behutsam und offen eingeleitet werden. Der RTB (2023) empfiehlt folgende Goldene Sätze:

- »Ich mache mir ernsthafte Sorgen um Sie und Ihre Kinder. Es ist mir wichtig, dass Sie mit jemandem sprechen können über Ihre Situation, die Situation Ihrer Kinder und Informationen bekommen, was Sie tun können. […]«
- »Wir unterschätzen leider oft, wie viel Kinder, auch wenn sie noch ganz klein sind, von den Auseinandersetzungen und gewaltvollen Übergriffen zwischen den Erwachsenen mitbekommen. Auch wenn sie die Situationen nicht selbst sehen, hören sie etwas, spüren die Spannung, Ihre Ängste und Schmerzen. Viele Kinder fragen sich, ob sie verantwortlich sind für das, was passiert und oft fühlen sie sich alleine. […] [Ich möchte gerne mit Ihnen] über Ihre Situation […] sprechen und darüber, was Sie unternehmen können. Was meinen Sie?« (ebd., S. 6)

> Es sollte vermittelt werden, dass Kinder die Gewalt *immer* miterleben, auch wenn sie nicht im gleichen Zimmer sind. Sie spüren die Gewaltstimmung zwischen den Eltern. Es ist wichtig, dass die Mutter darin aufgeklärt und unterstützt wird, diese Zusammenhänge wahrzunehmen und anzuerkennen.

Ziel ist immer, die Ressourcen der Mutter zu fördern, ihre Erziehungskompetenz zu stärken und die Kommunikation mit dem Kind zu fördern. Im Rahmen der Therapie kann die Mutter dabei unterstützt werden, herauszufinden, was genau die Bedürfnisse ihres Kindes sind und wie sie ihr Kind schützen kann. Wie kann sie als Mutter dazu beitragen, dass ihr Kind weder Geheimnisträger noch Gesprächspartner der Mutter wird? Wie kann ihr Kind davor geschützt werden, nicht an der Wut, der Enttäuschung und der Hilflosigkeit der Mutter teilnehmen zu müssen?

Kinder fühlen sich schnell dafür verantwortlich, wenn sich ein Elternteil nicht stabil fühlt. Auch sollte darüber aufgeklärt werden, dass Kinder gravierende Schuldgefühle entwickeln können und es eine unangemessene Verantwortungsübernahme bedeuten kann, wenn Mütter das Verbleiben in der gewalttätigen Beziehung damit begründen, dass sie den Kindern den Vater nicht nehmen wollen (vgl. Küken-Beckmann & Kratky, 2022).

Es kann sinnvoll sein, die Rolle von Jugendämtern im Rahmen der Therapie aktiv anzusprechen. Viele Frauen haben große Sorgen wegen des Jugendamts. Nicht selten benutzt der Vater das Argument, die Frau sei psychisch instabil oder das Jugendamt nehme ihr die Kinder weg, als Druckmittel gegen sie. Jugendämter sind per se in einer zwiespältigen Funktion. Zum einen haben sie eine Kontrollfunktion und ein Wächteramt inne, das maximale Eingriffe in Form von Inobhutnahmen bei Kindeswohlgefährdungen vornehmen kann. Zum anderen haben sie die Aufgabe, Hilfen für Kinder und deren Eltern anzubieten. Es kann hilfreich sein, der Mutter Abläufe beim Jugendamt transparent zu machen und gemeinsam den Kontakt dorthin aufzubauen.

Mutter-Kind-Gespräche

Die therapeutische Begleitung eines gemeinsamen Gesprächs mit Mutter und Kind kann sehr hilfreich sein. Möchte der*die Therapeut*in das Kind in die Therapie einladen, ist zu berücksichtigen, dass für die Anwesenheit des minderjährigen, nicht selbst einsichts- und einwilligungsfähigen Kindes in der Therapie der Mutter bei gemeinsamem Sorgerecht auch die Einwilligung des mitsorgeberechtigten Vaters vorliegen muss. Liegt diese nicht vor beziehungsweise kann diese nicht eingeholt werden, kann dies mindestens negative zivilrechtliche Folgen haben, da dann ggf. keine wirksame Einwilligung beider Sorgeberechtigten vorliegt. Die behandlungsbezogene natürliche Einsichts- und Urteilsfähigkeit wird regelhaft ab einem Alter von 14 Jahren eher angenommen als ausgeschlossen.

Ein gemeinsames Mutter-Kind-Gespräch kann wie folgt eingeleitet werden: »Ich fände es gut, wenn Sie Ihr Kind zum nächsten Termin mitbringen. Ich mache mir ein bisschen Sorgen um Ihre Kinder. Erfahrung/Studien haben gezeigt, dass Kinder sehr unter der Situation leiden.«

Vor einem gemeinsamen Gespräch ist es wichtig zu vereinbaren, was dem Kind wie mitgeteilt werden soll. In dem gemeinsamen Gespräch können folgende Leitfragen Orientierung geben:

- Was hat das Kind von der Gewalt mitbekommen?
- Was ist in Erinnerungen geblieben?
- Wie hat das Kind versucht, die Mutter zu schützen?
- Gibt es ein Schweigegebot? Inwieweit darf über die Gewalt gesprochen werden? Wird zu viel über die Gewalterfahrung gesprochen und findet eine Grenzverschiebung statt?
- Wann hat das Kind sich im Stich gelassen gefühlt?
- Wann hat sich das Kind gefährdet gefühlt?

Es sollte unterstützt werden, eine gemeinsame Geschichte entwickeln und erzählen zu können. Dabei ist darauf zu achten, dass keine Schuldzuschreibungen stattfinden, sondern Kränkungen und Verletzungen benannt werden (vgl. Zimmermann, 2013).

- Welche Wünsche bestehen gegenüber der Mutter?
- Welche Wünsche bestehen gegenüber dem Vater?

Es sollte dem Kind auch Raum gegeben werden, die Loyalität und Zuneigung gegenüber dem Vater äußern zu dürfen.

- Was wünschen sich Mutter und Kind jetzt?
- Was kann diesen Prozess unterstützen?
- Gibt es ein unterstützendes soziales Umfeld?
- Welches Hilfesystem beziehungsweise welche konkreten Personen können sich Mutter und Kind als Entlastung vorstellen? Wer könnte sich gut um das Kind kümmern? Können Freund*innen, Verwandte oder eine Familienhilfe aktiviert werden?

Ziel ist, ein niedrigschwelliges Netzwerk zu etablieren und zu fördern, auf das Mutter und Kind verlässlich zurückgreifen können.

Nachfolgend wird beschrieben, welche Leitfragen in einem Entlastungsgespräch für Kinder Orientierung bieten können und wie eine Sicherheitsplanung hinsichtlich der häuslichen Gewalt mit Fokus auf die Kinder erstellt werden kann.

6.5 Was benötigen Kinder?

Die WHO (2022b) empfiehlt, dass Kindern, die von häuslicher Gewalt betroffen sind, eine psychotherapeutische Intervention mit und eine ohne die Anwesenheit der Mutter angeboten wird. Kinder brauchen eigene Angebote, um das Erlebte zu verarbeiten. Sie brauchen Raum, um die Sprachlosigkeit während der Gewalt zu durchbrechen und das Erlebte verstehen zu lernen, unter anderen auch, wer für die Gewalt die Verantwortung trägt und um das Gefühl der eigenen Mit-Verantwortung zu korrigieren (Bundschuh, 2023). Kinder schämen sich, weil sie die Gewalt und die Probleme nicht lösen oder beenden können, weil sie nicht reden dürfen über das, was zu Hause passiert und weil sie sich ausgestoßen fühlen (Bormann, 2023).

Bormann (2023) empfiehlt, folgende Inhalte bei einem Gespräch mit Kindern zu vermitteln:

- Es ist gut, dass sie gekommen sind und über alles reden.
  - Um ihnen zu helfen, keine Geheimnisträger (mehr) sein zu müssen, kann gesagt werden: Du bist sehr mutig und ich finde es toll, dass du über alles so offen reden kannst.
- Sie trifft keine Schuld an der Gewalt des Vaters.
  - Allein der Vater trägt die Verantwortung für die Gewalt – er ist der Einzige, der sich schämen muss.

- Sie haben nichts falsch gemacht.
- Sie hatten keine Chance, die Mutter oder Geschwister zu schützen.
- Die Mutter ist selbst dafür verantwortlich, sich Hilfe zu holen.
- Die Mutter hat keine Verantwortung für die Gewalt des Vaters.

Durch das Gespräch wird das Thema Gewalt enttabuisiert, es findet eine klare Positionierung gegen Gewalt statt und eine Verarbeitung der Gewalterfahrung wird angestoßen. Eine Entlastung von Schuldgefühlen wird gefördert. Durch eine Einordnung kann Kindern geholfen werden, ein gefühltes Stigma zu durchbrechen:

- Es gibt auch andere Kinder, die so etwas schon einmal erlebt haben.

Für die Kinder ist es hilfreich, die Beziehung zum Vater und die zur Mutter konkret anzusprechen. Manchmal vermischt sich eine Ablehnung gegen den Vater mit einer Sorge um die Mutter, einer Sorge, diese alleine zu lassen.

- Was wünschst du dir in Bezug auf deinen Vater?
- Was wünschst du dir in Bezug auf deine Mutter?

Es geht darum, dem Kind die Möglichkeit zu bieten, sich sicher gebunden zu fühlen. Es können die sozialen Ressourcen gestärkt werden, ggf. eine Anbindung an Freizeiteinrichtungen gefördert werden.

- Bei wem fühlst du dich gut aufgehoben/sicher?
- Zu wem kannst du gehen, wenn du Hilfe benötigst?
- Gibt es Vereine, wo du gerne hingehst/hingehen möchtest?

Ein weiteres Ziel besteht darin, den Selbstwert zu stabilisieren, dem Kind Möglichkeiten zu bieten, bei denen es seine Kompetenzen ausbauen kann, sich handlungsfähig und selbstwirksam erleben darf:

- Was macht dir Spaß?
- Was kannst du gut?

Wichtig ist auch, die Affektregulierung zu unterstützen (vgl. Korittko, 2022; Böhm et al., 2019):

- Wie kannst du mit Gefühlen von Wut/Angst/Trauer umgehen?

Schließlich sollten auch die psychischen Belastungen der Mutter, die aufgrund der Gewalterfahrungen entstanden sind, mit dem Kind thematisiert werden. Ein gemeinsames Gespräch mit Mutter, Kind und Therapeut*in kann hilfreich sein, um ein kindgerechtes Gespräch über die Belastungen der Mutter zu führen. Entlastende Erklärungen, warum es der Mama manchmal so schlecht geht und dass das nichts mit dem Kind zu tun hat, die Mama das Kind immer noch lieb hat, sind dabei sehr bedeutsam.

Wie sollte bei akuter Gewalt vorgegangen werden?

Kinder benötigen zuallererst Schutz und Sicherheit. Nach den S3-Leitlinien sollten bei anhaltender Bedrohung Maßnahmen zur Sicherung des Kindeswohls vorrangig ergriffen werden (vgl. Böhm et. al., 2019). Hierzu gehört, über Kinderrechte sowie darüber, wo man Hilfe erhalten kann, aufzuklären und eine Sicherheitsplanung zu besprechen. Ist das Kind alt genug, kann eine Sicherheitsplanung mit dem Kind (gemeinsam mit der Mutter) durchgeführt werden. Folgende Leitfragen können für das Gespräch hilfreich sein (vgl. Logar, 2007):

- Was kann ich tun, wenn mein Vater aggressiv und gewalttätig wird, wenn er mich/meine Geschwister/meine Mutter bedroht? (Mich in Sicherheit bringen, zu einer Vertrauensperson gehen, schreien…)
- Wo ist ein sicherer Platz für mich/meine Geschwister? Wo findet uns meine Mutter wieder?
Vermitteln Sie, dass das Kind sich selbst in Sicherheit bringen soll, es nicht der Mutter oder anderen Geschwistern helfen soll. Es ist besser, zu flüchten und sich zu schützen.
- Wer kann mir in einer akuten Situation helfen?
- Wie rufe ich die Polizei an?
- Wohin können wir gehen, wenn wir zuhause nicht mehr sicher sind (Frauenhaus und andere Wohnmöglichkeiten besprechen)?
- Wem kann ich mich anvertrauen? Wer hilft mir?
Eine konkrete Person festlegen und Abmachungen treffen.

Nachfolgend wird beschrieben, wie Therapeut*innen vorgehen können, um abzuklären, ob eine akute Gefährdung des Kindeswohls vorliegt. Was passiert, wenn eine Meldung beim Jugendamt gemacht wird? Und wie können Therapeut*innen mit ihrer Sorge umgehen, dass die Beziehung zur Klientin bzw. zur Mutter bei einer Meldung an das Jugendamt leiden wird?

6.6 Abklärung des Kindeswohls im Rahmen der Therapie mit der Mutter

Aktuell vorliegende Partnerschaftsgewalt ist nicht per se gleichbedeutend damit, dass das Kindeswohl gefährdet ist. Sie wird allerdings in der Regel als Anhaltspunkt dafür gesehen, dass ein *Risiko* für eine Kindeswohlgefährdung vorliegt. Für eine Beurteilung sind Art und Ausmaß der Gewalt, Ausmaß der Wiederholungsgefahr, die gewaltbedingte Belastung des Kindes und die Qualität der sonstigen elterlichen Fürsorge zu berücksichtigen. Es muss zudem abgewogen werden, ob die Erziehungsberechtigten dazu bereit sind, eine bestehende Gefahr abzuwenden (vgl. Kindler, 2023).

Der RTB (2023) empfiehlt folgende drei Grundfragen, um eine mögliche akute Gefährdung für das Kind abzuschätzen:

- »Sind Kind(er) aktuell körperlich unverletzt/unversehrt?
- Sind sie aktuell an einem sicheren, vor Misshandlungen geschützten, Ort?
- Sind sie aktuell versorgt und betreut?

Wird mind. eine der Fragen mit ›nein‹ beantwortet oder ist sich [die] Mutter nicht sicher« (ebd., S. 2), muss der Verdacht auf einen akuten Kinderschutzfall abgeklärt werden.

> Es sollte klar vermittelt werden, dass der Vater die Verantwortung für die Gewalt trägt, sich der*die Therapeut*in allerdings um das Wohlergehen der Mutter *und* das des Kindes sorgt und in einem gemeinsamen Gespräch herausfinden möchte, wie die Sicherheit von sowohl Mutter als auch Kind hergestellt werden kann. Die Beziehungsarbeit zur Mutter hat so lange wie möglich Vorrang und ist die Basis dafür, um eine mögliche Gefährdung für das Kind abzuklären. Ziel des Gesprächs mit der Mutter ist es, sie in ihrer Mutterrolle zu stärken und Strategien gemeinsam zu erarbeiten, mit denen vermieden werden kann, eine Meldung ans Jugendamt machen zu müssen. Es geht darum, das aufgrund der Schweigepflicht bestehende Vertrauen so lange wie möglich zu nutzen, um eine Meldung abwenden zu können. Wichtig dabei ist zu beachten, dass es oft keine schnellen oder gar einfachen Lösungen gibt und das jeweilige Vorgehen mit seinen Vor- und Nachteilen gut abzuwägen ist (vgl. RTB, 2023).

Nachfolgend wird beschrieben, wie ein Abklärungsprozess verlaufen kann, und was passiert, wenn eine Meldung an das Jugendamt gemacht wird.

Abklärungsprozess

Therapeut*innen haben einen Beratungsanspruch bei *insoweit erfahrenen Fachkräften* (§ 8b SGB VIII i.V.m. § 4 KKG), den sie unbedingt für eine Abklärung des Kindeswohls nutzen sollten. Die Psychotherapeutenkammern haben entsprechende Kinderschutzbeauftragte. Die Beratung ist kostenlos und unterliegt der Schweigepflicht. Es sind mehrmalige Beratungen, auch bei unterschiedlichen *insoweit erfahrenen Fachkräften*, möglich und manchmal auch erforderlich. Therapeut*innen können dort den Fall besprechen und klären, inwiefern das Kindeswohl gefährdet ist.

Das Kindeswohl kann einerseits aufgrund aktueller Gewalt durch den Vater, andererseits auch aufgrund einer starken psychischen Belastung der Mutter, die sich in Therapie befindet, gefährdet sein.

6.6 Abklärung des Kindeswohls im Rahmen der Therapie mit der Mutter

In dem Beratungsgespräch mit der *insoweit erfahrenen Fachkraft* können eine Risiko- und Ressourceneinschätzung vorgenommen und mögliche Hilfebedarfe besprochen werden. Es werden Schritte geplant und insbesondere das Gespräch mit der Mutter vorbereitet, um mit ihr verlässliche und überprüfbare Vereinbarungen zu treffen, wie sie ihr Kind schützen und stärken kann.

Folgende Leitfragen können als Orientierung helfen, um zu einer Einschätzung bzgl. sogenannter *gewichtiger Anhaltspunkte* für eine potentielle Kindeswohlgefährdung zu kommen (vgl. Nowotny, 2019):

- Inwieweit werden die Bedürfnisse des Kindes befriedigt (emotionale Zuwendung, Grundversorgung, Dauer der Einschränkung)?
- Welche Handlungen der Eltern schädigen das Kind (fehlende Feinfühligkeit, fehlendes Erkennen der Bedürfnisse des Kindes, fehlendes Eingehen auf die Bedürfnisse des Kindes, Gewalttätigkeit eines Elternteils)?
- Liegt ein autoritäres Erziehungsverhalten vor? Ist eine erhöhte Ungeduld und Feindseligkeit, eine mangelnde Impulskontrolle gegenüber den Kindern festzustellen?
- Welche Risikofaktoren lassen sich aus dem familiären Kontext ableiten (niedriger sozioökonomischer Status, beengte oder instabile Wohnverhältnisse, psychische Störungen, Sucht, starke berufliche Anspannung, mangelnde Fähigkeit zur Stressregulation, aktuelle Partnerschaftsgewalt)?
- Welche Ressourcen können aktiviert werden, um die Gefährdung zu reduzieren (verlässliche Bezugsperson für Kinder vorhanden? Ausmaß des Selbsthilfepotentials der Kinder?)? Je jünger die Kinder sind, desto höher das Risiko einer Gefährdung.
- Welche körperlichen und psychischen Schädigungen liegen aktuell vor oder können eintreten, wenn sich nichts verändert?
- Inwieweit nehmen die Eltern die Probleme wahr und sind dazu bereit und in der Lage, etwas zu verändern oder Hilfe anzunehmen?

Eine Meldung kann beim Jugendamt gemacht werden, wenn eine Gefährdung nicht abgewendet werden kann oder wenn mit der Mutter das Gespräch erfolglos verlaufen ist. Um diesen Schritt gut abzuwägen, ist das Gespräch mit der *insoweit erfahrenen Fachkraft* eine wichtige Grundlage, auch um mögliche Sorgen des*der Therapeut*in zu besprechen. Therapeut*innen befürchten zurecht, dass die Beziehung zu der Mutter im Falle einer Meldung ans Jugendamt leidet und es ggf. zu einem Therapieabbruch kommt. Deswegen ist die Arbeit über die Beziehung und das zuvor etablierte Vertrauensverhältnis so lange wie möglich zu nutzen, um eine Meldung abwenden zu können.

Welche Schritte werden durchlaufen, wenn eine Meldung gemacht wird?

Rechtlich gesehen kann die Schweigepflicht nach § 34 StGB bei einem Ausnahmetatbestand eines rechtfertigenden Notstandes durchbrochen werden. Dieser besagt, dass ein höherwertiges Gut wie Leben und Gesundheit geschützt werden müssen und dass dies nicht durch ein milderes Mittel möglich ist (beispielsweise durch eine wirksame Schweigepflichtsentbindung). In § 4 KKG ist dieser rechtfertigende Notstand in Bezug auf eine Kindeswohlgefährdung näher beschrieben. Demnach müssen gewichtige Anhaltspunkte für eine Kindeswohlgefährdung, siehe oben, vorliegen.

Die Anhaltspunkte sollten mit den Erziehungsberechtigten besprochen werden, es sei denn, dies ist aufgrund eines notwendigen Schutzes nicht möglich. In dem Gespräch sollen die Anhaltspunkte und mögliche Strategien besprochen werden, um die Gefahr für das Kindeswohl abzuwenden. Besteht nach dem Gespräch der Eindruck, dass die Gefährdung fortbesteht, kann das Jugendamt informiert werden. Über die geplante Meldung beim Jugendamt sollten Kinder und Eltern unbedingt vorab in Kenntnis gesetzt werden, solange dies zu keiner weiteren Gefährdung beiträgt.

Wird das Jugendamt von einer Fachkraft über den Verdacht auf Kindeswohlgefährdung informiert, soll es zeitnah eine Rückmeldung geben, ob die gewichtigen Anhaltspunkte für eine Gefährdung erfüllt sind und ob es zum Schutz des Kindes tätig geworden ist oder noch ist. Das Jugendamt kann eine vorübergehende Inobhutnahme des Kindes einleiten, je nach Prüfergebnis aber auch Beratungs- und Hilfeangebote unterbreiten (vgl. RTB, 2023).

Therapeut*innen sollten alle Schritte und Entscheidungswege sorgfältig dokumentieren. Es sollte beachtet werden, dass keine unverschlüsselten E-Mails ans Jugendamt für eine Meldung versandt werden. Es müssen nur die erforderlichen Daten ans Jugendamt übermittelt werden, in der Regel nicht die ganze Akte.

Hat eine Trennung stattgefunden, muss aufgrund von gemeinsamen Kindern die Frage nach Sorge- und Umgangsrechten geklärt werden. In den nachfolgenden Abschnitten werden daher Informationen dazu bereitgestellt, welche Aufgaben Familiengerichte haben, zu der aktuellen gerichtlichen Praxis und zur Rolle von Psychotherapeut*innen im Rahmen familienrechtlicher Verfahren.

6.7 Familienrechtliche Verfahren

Die allgemeine Rolle von Familiengerichten im Kontext von Partnerschaftsgewalt wird im 7. Kapitel genauer ausgeführt. Nachfolgend wird vor allem das Thema Sorge- und Umgangsrecht behandelt.

Das Familiengericht soll nach einer Trennung bei Partnerschaftsgewalt beim Sorge- und Umgangsrecht so wählen, dass es dem Wohl des Kindes am besten entspricht. Das Gericht hat zu prüfen, ob eine tragfähige Beziehung zwischen den Eltern vorliegt, um die gemeinsame Sorge für das Kind zu tragen. Kann der gewaltausübende Partner keine glaubwürdigen Schritte im Hinblick auf eine Veränderung und Verhinderung erneuter Gewalt aufzeigen, kann die gemeinsame Sorge auf Antrag ganz oder teilweise auf ein Elternteil übertragen werden.

Zudem können Umgangsrechte vorübergehend ausgesetzt werden, beispielsweise um eine Risikoeinschätzung vornehmen zu lassen. Umgangsbeschränkungen treten nach Kindler (2023) aufgrund folgender vier Gründe auf:

1. Das Kind ist psychisch aufgrund der Gewalt stark belastet.
2. Das Kind lehnt den Vater und einen Kontakt zu ihm aufgrund der Gewalt ab.
3. Das Risiko fortgesetzter und schwerer Gewalt kann groß sein.
4. Der Vater ist nicht in der Lage eine kindgemäße Kontaktgestaltung zu zeigen.

In der gerichtlichen Praxis wird allerdings bislang in der Regel weder der Gewaltkontext noch der Wille des Kindes ausreichend berücksichtigt. So findet nach einer Trennung häufig noch ein Umgangskontakt mit dem Vater statt. Der Täter benutzt den Umgang mit dem Kind oft dazu, um weiterhin Druck auf die Frau auszuüben, sie weiterhin zu bedrohen und einzuschüchtern, entweder direkt oder indirekt über die Kinder. Auch die Kinder selbst können Ziel der Bedrohung und Gewalt bei Umgangskontakten sein.

> »Bei meiner zweiten Scheidung forderten Jugendamt und Richter, dass der Kontakt der Kinder zum Vater unter allen Umständen aufrecht zu erhalten sei. Auch gegen deren erklärten, von einem Gutachter als authentisch anerkannten Willen. ›Kinder, die ohne Vater aufwachsen, werden kriminell‹, sagte der Richter« (Joel, 2022, S. 4 – Sichtweise einer Betroffenen).

Welche Rolle können Therapeut*innen bei familienrechtlichen Verfahren einnehmen?

Therapeut*innen können von den Gerichten aufgefordert werden, eine Stellungnahme abzugeben (vgl. Kindler, 2023). Hierfür ist eine wirksame Schweigepflichtsentbindung erforderlich, sonst gilt das sogenannte Zeugnisverweigerungsrecht nach § 383 Zivilprozessordnung und § 53 Strafprozessordnung. Ausnahmen hiervon sind die Kindeswohlgefährdung beziehungsweise der rechtfertigende Notstand. Liegt eine wirksame Schweigepflichtsentbindung vor, muss der*die Psychotherapeut*in nach Aufforderung durch ein Gericht Informationen weitergeben (▶ Kap. 7). Das Zeugnisverweigerungsrecht greift nicht mehr.

In einer Stellungnahme für das Familiengericht kann auf folgende drei Punkte eingegangen werden (vgl. Kindler, 2023). Es ist von grundlegender Bedeutung, rein deskriptiv zu beschreiben und Bewertungen transparent abzutrennen:

- Informationen zur Wahrscheinlichkeit weiterer Gewalt: Suchtmittelgebrauch der gewaltausübenden Person, Drohungen, Sorge der gewaltbetroffenen Person (▶ Kap. 4). Wenn auf Hörensagen zurückgegriffen wird, muss dies kenntlich gemacht werden.
- Informationen zur Erziehungsfähigkeit gewaltbetroffener und gewaltausübender Elternteile: Die gewaltbetroffene Person kann aufgrund der Belastungen (vorübergehend) eingeschränkt erziehungsfähig sein. Nach einer Trennung erholt sich die Erziehungsfähigkeit meist. Besuchskontakte und Befürchtungen bzgl.

erneuter Gewalt können hier allerdings erschwerend wirken. Gewaltausübende Personen können erhöht irritierbar, sehr selbstbezogen oder unangemessen streng sein. Informationen zur Bereitschaft und Fähigkeit, Hilfen in Anspruch zu nehmen, sind wichtig.
- Informationen zur (gewaltbebedingten) Belastung und den Bewältigungsanstrengungen mitbetroffener Kinder: Wie belastet zeigen sich die Kinder im Kontakt? Welche Diagnosen mit Gewaltbezug können vergeben werden? Wie gehen Kinder mit der erlebten Partnerschaftsgewalt um? Welche Wünsche äußern sie hinsichtlich der Zukunft und hinsichtlich Schutz?

Der*die Therapeut*in kann auch ohne Aufforderung eine Stellungnahme an das Gericht schicken, wenn der Eindruck besteht, dass wichtige Informationen dem Gericht unzureichend vorliegen.

7 Vernetztes Arbeiten

Für eine gelingende Versorgung ist ein aufeinander abgestimmtes, interdisziplinäres Netzwerk dringend erforderlich, das sowohl fallbezogen als auch fallunabhängig miteinander arbeitet (vgl. Reddemann, Schellong, Lueger-Schuster, Köllner, Frommberger & Liebermann, 2019; Schellong, Epple & Weidner, 2018).

> Leider treffen bislang in den verschiedenen Versorgungsbereichen unterschiedliche Rechtsnormen und Logiken aufeinander, die nicht unbedingt eine interdisziplinäre Arbeit fördern, zum Leidwesen der Betroffenen. Nichtsdestotrotz kann ein Wissen um die Handlungslogiken der Anderen die eigenen Handlungsmöglichkeiten erweitern und gleichzeitig dazu beitragen, die Grenzen des Machbaren zu akzeptieren. Realistische Erwartungshaltungen helfen dabei, demotivierende Frustration zu vermeiden, sowohl auf Seiten der Therapeut*innen als auch auf Seiten der Frauen (vgl. Ernst, 2022).

Daher werden nachfolgend kurz die zentralen Versorgungsbereiche dargestellt hinsichtlich ihrer verschiedenen Arbeitsweisen, Aufgaben und Befugnisse, rechtlichen Grundlagen sowie hinsichtlich der Fragestellung, was eine gute Praxis ausmacht. In der Zusammenarbeit mit anderen Fachkräften sind rechtliche Aspekte hinsichtlich der Schweigepflicht bedeutsam. Allgemeine Informationen hierzu sowie zu den Themen rechtfertigender Notstand und Anzeigepflicht im psychotherapeutischen Setting schließen dieses Kapitel ab.

Das kostenlose E-Learning-Programm *Schutz und Hilfe bei häuslicher Gewalt – ein interdisziplinärer Online-Kurs* (Zugriff am 09.12.2023 unter https://haeuslichegewalt.elearning-gewaltschutz.de/) vermittelt ein vertiefendes Basiswissen über andere Versorgungsbereiche. Zielgruppe sind Fachkräfte der Heilberufe und Pädagogik, aus dem Antigewaltbereich, aus der Kinder- und Jugendhilfe, der Polizei und der Familien- und Strafgerichtsbarkeit. Approbierte Fachpersonen können mit einem erfolgreichen Abschluss des Kurses 92 Punkte erhalten. Themen sind unter anderen Formen häuslicher Gewalt, Gewaltverhältnisse und Gewaltdynamiken, Gewaltbetroffenheit und Folgen, rechtliche Grundlagen, Kooperation und Unterstützungssysteme, Gefährdungsrisiken bei Kindern und Müttern sowie die Arbeit mit gewalttätigen Personen.

Neben einem allgemeinen Wissen, das in diesem Kapitel vermittelt wird, ist eine Kenntnis des regionalen, lokalen Hilfsnetzwerks für die Arbeit mit der Zielgruppe nötig. Die Landeskoordinierungsstellen gegen häusliche Gewalt der Bundesländer geben beispielsweise einen guten Überblick über die Unterstützungssysteme aus dem Gewaltschutzbereich. Im Anhang sind diese und weitere überregionale Anlaufstellen für gewaltbetroffene Frauen und Kinder sowie für gewaltausübende Männer zusammengestellt, die bei der Suche nach lokalen Angeboten weiterhelfen können.

7.1 Gesundheitsbereich

In diesem Abschnitt wird zunächst die allgemeinmedizinische Versorgung dargestellt: Was sind die primären Aufgaben, wie ist die Datenlage zur Nutzung von Gesundheitsdiensten durch gewaltbetroffene Frauen und was macht eine gute Praxis in Bezug auf die Versorgung der Zielgruppe aus? Anschließend wird die Krankenkassenleistung vertrauliche Spurensicherung vorgestellt und die Möglichkeiten einer medizinischen Rehabilitation für die Zielgruppe erörtert. Im zweiten Teil wird der stationäre psychiatrische, psychotherapeutische und psychosomatische Bereich hinsichtlich aktueller Versorgungsmängel beschrieben und Empfehlungen für eine gute Praxis gegeben. Abschließend werden die Leistungen dargestellt, die über eine Traumaambulanz zur Verfügung stehen.

Allgemeinmedizinische Versorgung

Wesentliche Aufgaben des Gesundheitssektors sind die Förderung und Erhaltung der Gesundheit, Vorbeugung und Bekämpfung von Krankheiten, Prävention sowie Rehabilitation. Fachkräfte der allgemeinmedizinischen Versorgung sind die häufigsten Ansprechpersonen für Betroffene von häuslicher Gewalt im Hilfesystem. Damit nehmen sie eine Schlüsselposition ein und bieten die einmalige Chance, Mangel-, Fehl- und Unterversorgung zu verhindern. Bislang werden für Deutschland keine Daten aus dem Gesundheitssektor routinemäßig und damit regelmäßig und verlässlich erhoben. Insofern sind keine gesicherten Aussagen darüber möglich, wie häufig Gesundheitsdienste aufgrund von Gewaltvorfällen in welchem Umfang wie genutzt werden (vgl. RTB, 2022; GREVIO, 2022; BIK, 2021; DIM, 2023).

Was ist dennoch darüber bekannt, was eine gute Praxis in der allgemeinmedizinischen Versorgung ausmacht? Behandler*innen benötigen Wissen über die Entstehung von Partnerschaftsgewalt, über die Symptomatik und über Behandlungsnetzwerke, um Partnerschaftsgewalt zu erkennen und adäquat zu behandeln. In der primärärztlichen Versorgung sollte vor allem ein gewaltinformiertes Screening stattfinden und dabei unterstützt werden, innere und äußere Sicherheit herzustellen, beispielsweise indem Listen mit lokalen Hilfsangeboten weitergegeben werden. Ein transparentes und individuelles Vorgehen, das das Leid würdigt und soziale Ressourcen stärkt, sind wichtige Bestandteile eines traumainformierten Ansatzes (vgl. Schellong et al., 2018). Primär an medizinische Fachkräfte gerichtete Schulungen können bei S.I.G.N.A.L. e.V. in Anspruch genommen werden. Informationen und Schulungstermine finden sich unter: https://www.signal-intervention.de/fortbildungen-und-qualifizierung (Zugriff am 05.02.2024).

Vertrauliche Spurensicherung

Seit März 2020 ist die vertrauliche Spurensicherung eine Leistung der Krankenkassen. Einrichtungen der Gesundheitsversorgung sind dafür zuständig, eine gerichtsverwertbare Dokumentation sicherzustellen, das heißt, Verletzungen als Beweismittel für eine spätere Anzeigeerstattung zu dokumentieren, wenn Betroffene sich dazu in der Lage sehen. Informationen zur Rechtslage, fachliche Empfehlungen zur Umsetzung und Kontaktstellen in den Bundesländern finden sich unter: https://www.signal-intervention.de/vertrauliche-spurensicherung-nach-sexueller-gewaltvergewaltigung (Zugriff am 23.12.2023).

Medizinische Rehabilitation

Auch Einrichtungen der medizinischen Rehabilitation können in der Versorgung der Zielgruppe eine wichtige Rolle spielen. Ziele einer Rehabilitation sind der Erhalt von Aktivität und Teilhabe am Erwerbsleben und/oder am gesellschaftlichen Leben. Betroffene müssen einen Antrag stellen. Zudem ist ein Befund des*der behandelnden Arztes bzw. Ärztin oder Psychotherapeut*in nötig. Dadurch dass die Reha-Einrichtung nicht in der Nähe des Wohnortes liegt, kann ein Abstand zur häuslichen Gewaltsituation hergestellt und dieser Abstand therapeutisch genutzt werden. Das Antragsverfahren kann Wochen bis Monate in Anspruch nehmen, weswegen die Reha frühzeitig geplant werden sollte.

Gleiches gilt für sogenannte Mutter-Kind-Kuren, eine Pflichtleistung der gesetzlichen Krankenkassen. Die Kur dauert in der Regel drei Wochen und findet stationär statt. Die Kinder können mit aufgenommen werden und in altersgerechten Gruppen betreut und gefördert werden. Wenn auch für die Kinder ein Attest vorliegt, werden sie zusätzlich entsprechend ihrer Indikation behandelt.

Stationäre Psychiatrie und Psychosomatik

Inwiefern ist die stationäre psychiatrische, psychotherapeutische und psychosomatische Versorgung auf die Bedarfe der Zielgruppe aktuell ausgerichtet? In der Regel gibt es keine Möglichkeit für eine gleichzeitige Versorgung der Kinder, weswegen sich Mütter eher gegen ein stationäres Versorgungsangebot entscheiden. Zudem bieten viele stationäre Angebote zu wenig Schutzmöglichkeiten vor gewalttätigen (Ex-)Partnern und haben kaum Strukturen, um gleichzeitig Suchtprobleme zu bearbeiten. Durch eine unzureichende Berücksichtigung von Gewalterfahrungen kommt es nicht nur zu einer stark medizinisch orientierten Behandlung mit Psychopharmaka, sondern auch zu erneuten Retraumatisierungen im Zuge von Fixierungen und zu wiederholten Aufenthalten ohne ausreichende Stabilisierung (sogenannter Drehtüreffekt). Zusätzlich fehlt es an Vernetzungen mit ambulanten

Frauenprojekten, Kinder- und Jugendhilfe-Angeboten und ambulanten traumaspezifischen Versorgungsmöglichkeiten (vgl. Schwarz, 2020).

Was wissen wir in Bezug auf eine gute Praxis im stationären Setting? Gewaltbetroffene Frauen wünschen sich in der stationären Psychiatrie und Psychosomatik beim Aufnahmegespräch und während der Therapie eine weibliche Behandlerin wählen zu können, mit der sie über ihre Gefühle und auch über sexuelle Erfahrungen sprechen können. Sie wünschen sich ein frauenspezifisches Angebot, das die Möglichkeit der Unterbringung auf einer Frauenstation umfasst und Frauenräume, die würdevollen und intimen Austausch ermöglichen. Sie wünschen sich Fachkräfte, die sich mit frauenspezifischen Problemen und geschlechtsspezifischer Gewalt auskennen. Sie möchten bei der Wahl der Behandlungsmethode einbezogen werden und eine Tagesstruktur, die ein Anknüpfen an eigene Kompetenzen und Ressourcen ermöglicht. Kliniken sollten ein Gewaltschutzkonzept vorhalten, das auf die Bedürfnisse der Frauen eingeht und einen aktiven Schutz vor (sexuellen) Übergriffen nicht nur innerhalb der Klinik, sondern auch nach der Entlassung umfasst. Zudem sollten etablierte Kooperationen mit anderen Versorgungsbereichen vorliegen (Betroffenenrat, 2021; Hagemann-White & Bohne, 2003; Voß-Büter 2002; Enders-Dragässer & Sellach, 1999).

Traumaambulanzen

In Traumaambulanzen bieten psychotraumatologisch geschulte Psychotherapeut*innen und Fachärzt*innen niedrigschwellig und zeitnah eine Beratung und kurzfristige Intervention nach einer Gewalttat an. Seit Januar 2021 besteht ein gesetzlicher Anspruch auf diese Leistungen, das heißt auf psychotherapeutische Interventionen in einer Traumaambulanz im Umfang von bis zu 15 Sitzungen für Erwachsene und bis zu 18 Sitzungen für Kinder und Jugendliche. Ziel ist die Prävention von chronischen Folgeerkrankungen und die Prüfung der Indikation für weitere Therapie.

Anspruchsberechtigt sind sowohl die Geschädigten selbst als auch Angehörige, Hinterbliebene und Nahestehende. Die erste Sitzung muss innerhalb von zwölf Monaten nach dem schädigenden Ereignis oder nach der Kenntnisnahme über die Gewalttat erfolgen. Wenn ein mehr als zwölf Monate zurückliegendes schädigendes Ereignis zu akuten psychischen Belastungen führt, erhalten die Betroffenen ebenfalls in den Traumaambulanzen Hilfe, wenn die erste Sitzung innerhalb von zwölf Monaten nach Auftreten der akuten Belastung stattfindet. Eine Verurteilung des Täters ist nicht erforderlich, um die Traumaambulanz oder weitere Hilfen des Sozialen Entschädigungsrechts (ehemals Opferentschädigungsrechts) in Anspruch zu nehmen. Betroffene, die die Hilfe der Traumaambulanz in Anspruch nehmen wollen, müssen einen entsprechenden Antrag auf Leistungen der Sozialen Entschädigung stellen. Ein Vordruck findet sich meist auf der Homepage des Versorgungsamts des zuständigen Bundeslandes.

Das Projekt HilfT bietet einen Überblick über Traumaambulanzen in Deutschland. Auf einer deutschlandweiten Karte können Einrichtungen für Erwachsene und für Kinder und Jugendliche und jeweilige Ansprechpersonen angeklickt werden.

7.2 Polizei

Die primären Aufgaben der Polizei sind Gefahrenabwehr und Strafverfolgung, wobei bei letzterem die Staatsanwaltschaft federführend ist. Wichtig ist zu wissen beziehungsweise der betroffenen Frau zu vermitteln, dass nach dem sogenannten Legalitätsprinzip in Deutschland ein Ermittlungsverfahren eröffnet wird, wenn die Polizei (auch zur Gefahrenabwehr) in Kenntnis ist von ausreichenden Verdachtsmomenten für das Vorliegen einer (möglichen) Straftat. Das Ermittlungsverfahren wird auch gegen den Willen der Betroffenen eingeleitet beziehungsweise kann die Frau in solchen Fällen keine Anzeige mehr zurückziehen.

Seit 2002 gibt es ein Gewaltschutzgesetz in Deutschland mit dem Grundsatz »Wer schlägt, muss gehen«. Die Polizei hat in fast allen Bundesländern Spezialbefugnisse zur sogenannten Wohnungsverweisung, das heißt, diejenige Person muss die Wohnung verlassen, die Gewalt ausgeübt hat – unabhängig davon, wem die Wohnung gehört. Das gilt je nach Bundesland für zehn bis 28 Tage. In dieser Zeit soll die Frau zur Ruhe kommen und die Möglichkeit nutzen können, um weitere Beratung und Unterstützung in Anspruch zu nehmen.

> »H. beschimpft seine Frau M. seit Jahren, in stundenlangen Monologen erklärt er ihr jeden Tag, was sie falsch macht. Er verbietet ihr, bestimmte Kleidung zu tragen und sich alleine mit Freundinnen zu treffen. M. leidet so unter dem Verhalten ihres Mannes, dass sie zunehmend angespannt und verunsichert ist und Magenschmerzen hat. Eines Abends gibt H. seiner Frau während eines Streits eine schallende Ohrfeige – geschlagen hatte er sie zuvor nie. Eine Nachbarin ruft die Polizei, die H. der Wohnung verweist. [...] Die Ohrfeige ist nach § 223 Abs. 1 StGB als Körperverletzung zu werten. Die Magenschmerzen, die M. aufgrund des Verhaltens ihres Mannes häufig bekommt, lassen sich als Auswirkungen der psychischen Gewalt und damit auch als Körperverletzung werten. Damit liegen die Voraussetzungen des § 1 Abs. 1 vor. Es spielt keine Rolle, dass H. vor der Ohrfeige noch nie körperlich gewalttätig geworden ist, die Gewalthandlung reicht aus, um von einer Wiederholungsgefahr auszugehen. Die Voraussetzungen für die Anordnung einer Schutzmaßnahme nach § 1 GewSchuG sind also erfüllt« (Oygen, 2022a, S. 3 und S. 7; E-Learning Gewaltschutz. Schutz und Hilfe bei häuslicher Gewalt, https://haeuslichegewalt.elearning-gewaltschutz.de/).

Es ist zu berücksichtigen, dass sich viele Täter nicht an eine Wohnungsverweisung halten und die Frau nicht sicher ist, wenn sie in der Wohnung verbleibt. Im Zuge einer Sicherheitsplanung sollten diese Aspekte berücksichtigt werden.

Die Polizei kann einen Platzverweis aussprechen, um eine gefährdete Person am Arbeitsplatz zu schützen. Des Weiteren hat die Polizei die Möglichkeit, ein Kontaktverbot zu verhängen. Es schützt an allen mit einem Verbot belegten Orten wie auch auf den Wegen (beispielsweise zur Arbeitsstelle, Kita oder Schule). Es umfasst jedwede Kontaktaufnahme, auch per Telefon, E-Mail, Brief etc. Eine Person kann auch unter Richtervorbehalt in Gewahrsam genommen werden, wenn eine Wohnungs- oder Platzverweisung nicht durchsetzbar sind beziehungsweise der Täter sich daran offensichtlich nicht zu halten bereit ist. Zudem kann die Polizei eine Gefährdungsansprache machen, um den Täter dazu zu veranlassen, von weiteren Gewalttaten Abstand zu nehmen. Diese kann mündlich oder schriftlich erfolgen. Das Gespräch wird vom Täter freiwillig eingegangen und es muss verhältnismäßig und vertraulich stattfinden.

Die Polizei ist nach Artikel 51 der *Konvention zur Verhütung und Bekämpfung von Gewalt gegen Frauen und häuslicher Gewalt* (Istanbul-Konvention) dazu verpflichtet, ein umfassendes (Hoch-)Gefährdungsmanagement vorzunehmen und für eine koordinierte Sicherheit und Unterstützung zu sorgen.

Bei wiederholten Einsätzen wegen häuslicher Gewalt erfolgt eine Meldung an das Jugendamt. Die Polizei handelt nach dem Grundsatz, dass von einer Gefährdung des Kindeswohls auszugehen ist, wenn wiederholt Polizeieinsätze im Zuge häuslicher Gewalt stattfinden, auch wenn keine Verhaltensauffälligkeiten des Kindes erkennbar sind (vgl. Ernst, 2022).

Schließlich hilft die Polizei auch dabei, ins Hilfsnetzwerk zu vermitteln. Die Polizei kann die betroffene Frau begleiten, um die Verletzungen gerichtsfest dokumentieren zu lassen. Die Polizei kann die Frau in eine Schutzeinrichtung bringen, wenn sie dies wünscht, und mit ihr gemeinsam in die Wohnung gehen, um wichtige Dokumente oder Medikamente zu holen.

In einigen Regionen Deutschlands wird ein proaktiver Ansatz durchgeführt, das heißt, es wird mit Fachberatungsstellen zusammengearbeitet, die die Betroffene – wenn sie es möchte – nach einem Polizeieinsatz kontaktieren und über mögliche Handlungsschritte und Rechte aufklären (Giljohann & Bendix-Kaden, 2022).

7.3 Staatsanwaltschaft und Strafgerichte

Die primäre Aufgabe von Staatsanwaltschaft und Strafgerichten ist die Strafverfolgung, wobei bei häuslicher Gewalt eine Vielzahl von Strafbeständen in Betracht kommt, wie beispielsweise vorsätzliche, schwere oder gefährliche Körperverletzung, Vergewaltigung, sexuelle Nötigung, Stalking, Freiheitsberaubung und Bedrohung.

> »T. ist gegenüber seiner Frau H. öfter gewalttätig. Eines Tages schlägt er sie wieder und verletzt sie schwer im Bauch und im Gesichtsbereich. Danach möchte er sich wieder mit ihr vertragen und möchte dies durch Geschlechtsverkehr herbeiführen. H. möchte das nicht, aus Angst vor weiteren Schlägen lässt sie den Verkehr aber unter großen Schmerzen über sich ergehen. [...] T. hat sich einer Vergewaltigung schuldig gemacht. Zwar hat H. ihren entgegenstehenden Willen nicht geäußert, aber das war hier auch nicht notwendig. Durch die vorangegangene schwere Gewalteinwirkung durch T. war H. eingeschüchtert und hatte große Angst« (Oygen, 2022b, S. 10 und S. 14).

Für Frauen ist es wichtig zu wissen, was ihre Rechte sind und welche Abläufe sie erwarten müssen, wenn sie von einer Straftat betroffen sind. In vielen Fachberatungsstellen ist eine entsprechende rechtliche Beratung angegliedert, auf die Therapeut*innen verweisen können. Für eine kurze Einführung ist auch das Merkblatt, das das Bundesjustizministerium für Betroffene entwickelt hat, hilfreich und online[2] zur Verfügung steht.

Unter anderem können Betroffene eine sogenannte psychosoziale Prozessbegleitung in Anspruch nehmen. Das ist eine besondere Form der nicht-rechtlichen Begleitung im Strafverfahren für besonders schutzbedürftige Verletzte vor, während und nach einer Hauptverhandlung. Durch die Begleitung sollen die individuellen Belastungen reduziert und Sekundärviktimisierung vermieden werden. Die Prozessbegleitung kann bei Gericht beantragt werden und ist dann kostenfrei (vgl. Ernst, 2022). Die Länder sind für die Ausführung der Prozessbegleitung zuständig. Informationen dazu, wie man Prozessbegleiter*innen im jeweiligen Bundesland findet, gibt es online[3].

Die Prozessbegleiter*innen müssen gewissen Mindestanforderungen genügen und vom Gericht anerkannt sein. Zu den Aufgaben zählen:

- umfassende Hilfestellungen in allen Lebensbereichen geben, die in Folge der Straftat beeinträchtigt worden sind
- zwischen allen Verfahrensbeteiligten vermitteln und den Gesamtüberblick behalten
- ausführlich über das Ermittlungs- und Strafverfahren informieren
- über Rechte und Pflichten als Zeug*innen aufklären
- bei Bedarf an andere Fachkräfte vermitteln, wie zum Beispiel Ärzt*innen oder Therapeut*innen
- einen Raum bieten, so dass Fragen und Unsicherheiten in einem vertrauten Rahmen besprochen werden können

Schließlich sind Gerichte auch befugt, Auflagen und Weisungen zu erteilen wie beispielsweise die Teilnahme an einem Täterprogramm (vgl. Ernst, 2022). Informationen zu Täterprogrammen finden sich auch in Kapitel 7.6 und online[4].

---

2 Das Merkblatt des Bundesjustizministeriums für Betroffene ist unter folgendem Link abrufbar: https://www.bmj.de/SharedDocs/Publikationen/DE/Broschueren/Merkblatt_fuer_Opfer_einer_Straftat.pdf?__blob=publicationFile&v=14 (**Zugriff am 15.12.2023**).
3 Informationen dazu, wie man Prozessbegleiter*innen im jeweiligen Bundesland findet, gibt es unter: https://www.bmj.de/DE/themen/praevention_opferhilfe/opferschutz_strafverfahren/psychosoziale_prozessbegleitung/psychosoziale_prozessbegleitung_node.html (**Zugriff am 09.12.2023**).
4 Informationen zu Täterprogrammen: https://www.bmj.de/DE/themen/praevention_opferhilfe/opferschutz_strafverfahren/psychosoziale_prozessbegleitung/psychosoziale_prozessbegleitung_node.html (**Zugriff am 21.09.2024**).

7.4 Jugendhilfe

Die Rolle der Jugendämter wurde bereits im 6. Kapitel ausführlicher beschrieben und soll der Vollständigkeit halber hier kurz erwähnt werden. Die Jugendhilfe ist primär dafür zuständig, Hilfebedarfe abzuklären und Hilfen zu gewähren.

Im Sinne eines Wächteramtes mit Kontrollfunktion wirken Mitarbeitende der Jugendhilfe bei einer Gefährdungseinschätzung mit und führen eine Inobhutnahme bei dringender Gefahr durch. Partnerschaftsgewalt wird in der Regel als potentielle Kindeswohlgefährdung gewertet.

Jugendämter können auch Hilfen gewähren. Ein Service des Jugendamts besteht beispielsweise in der Beratung und Unterstützung bei Fragen des Kindes- und Betreuungsunterhalts. Mitarbeitende der Jugendhilfe können Hilfen zur Erziehung einleiten, wie eine sozialpädagogische Familienhilfe, die die Mutter intensiv begleitet, das heißt, bei Erziehungsfragen, bei der Bewältigung von Alltagsproblemen und beim Umgang mit Ämtern und Institutionen unterstützt sowie Hilfe zur Selbsthilfe fördert. Weitere Hilfen reichen von Erziehungsberatung bis zur gemeinsamen stationären Unterbringung von Mutter und Kind (vgl. Meysen & Schönecker, 2022).

7.5 Familiengerichte

Im Kontext von Partnerschaftsgewalt sind Familiengerichte primär für Kindschaftssachen und Gewaltschutzsachen zuständig (▶ Kap. 6).

Kindschaftssachen

In Bezug auf Kindschaftssachen hat das Gericht die Pflicht, Maßnahmen zur Abwendung einer Gefahr zu ergreifen, wenn das körperliche, geistige oder seelische Wohl des Kindes gefährdet ist und Eltern nicht gewillt oder in der Lage sind, die Gefahr abzuwenden. Eine solche Maßnahme kann beinhalten, dass dem gewaltausübenden Elternteil verboten wird, die Familienwohnung zu nutzen. Es kann auch die Auflage ausgesprochen werden, sich Hilfe zu suchen und an Täterprogrammen teilzunehmen. Das Umgangsrecht kann eingeschränkt und vorübergehend ausgesetzt werden. Das Gericht kann begleiteten Umgang anordnen.

Laut Artikel 32 der *Konvention zur Verhütung und Bekämpfung von Gewalt gegen Frauen und häuslicher Gewalt* (Istanbul-Konvention) soll bei der Regelung von Besuchs- und Umgangsrechten berücksichtigt werden, dass die Mutter durch einen Umgang nicht weiterer Gewalt ausgesetzt ist. Bislang nehmen deutsche Gerichte nur selten Bezug auf die Istanbul-Konvention. Am Verfahren beteiligte Fachkräfte erkennen häufig häusliche Gewalt nicht und können daher auch nicht die Dynamiken und Auswirkungen von häuslicher Gewalt auf Frau und Kinder angemessen berücksichtigen. Ebenso beachten die gängigen Scheidungs- und Paarberatungsstellen in der Regel den Gewaltkontext nur unzureichend. Sie arbeiten nach dem Grundsatz, dass die elterliche Sorge und der Umgang auf Basis des Einvernehmens der Beteiligten erfolgen, was im Falle häuslicher Gewalt nicht möglich ist.

Vor diesem Hintergrund fordert die Berichterstattungsstelle häuslicher Gewalt folgende Anpassungen (vgl. Franke, 2023):

- Verbesserte Berücksichtigung des Kinderwillens, insbesondere im Rahmen der Kinderwohlprüfung
- Verbindliche Aus- und Fortbildungen für alle am Verfahren beteiligten Fachkräfte (Richter*innen, Jugendamtsmitarbeiter*innen, Verfahrensbeiständ*innen, Sachverständige, Mitarbeitende der freien Jugendhilfe)
- Umkehrung der Regelvermutung: Üblicherweise wird ein Umgang mit beiden Elternteilen angestrebt. Es sollte bei häuslicher Fall aber in der Regel geprüft werden, ob ein Umgang mit dem gewaltausübenden Elternteil überhaupt dem Kindeswohl dienlich ist.
- Anpassung der Wohlverhaltensklausel: Bislang gilt, Elternteile sollen alles unterlassen, was die Beziehung des Kindes zum anderen Elternteil beeinträchtigt. Statt dem Vorwurf, die Mutter entfremde das Kind vom Vater und zeige keinen Einigungswillen, wenn sie den Kontakt zum Täter ablehnt, sollten die Schutzbedarfe der gewaltbetroffenen Frau im Vordergrund stehen.
- Getrennte Anhörungen
- In Fällen häuslicher Gewalt soll nicht auf ein Einvernehmen in der Regel hingewirkt werden (da es aufgrund der Machtasymmetrie zwischen den Partner*innen nicht zielführend ist).

Gewaltschutzsachen

In Bezug auf Gewaltschutzsachen kann das Gericht ein Betretungs-, Näherungs- und Kontaktverbot aussprechen. Voraussetzung für diese Schutzanordnungen sind unter anderem die vorsätzliche widerrechtliche Verletzung des Körpers, der Gesundheit, der Freiheit oder der sexuellen Selbstbestimmung oder die Drohung damit und eine unzumutbare Belästigung durch wiederholtes Nachstellen oder Verfolgung unter Verwendung von Fernkommunikationsmitteln (vgl. Ernst, 2022).

Bei bekannter wiederholter Partnerschaftsgewalt und ausbleibender Trennung der Eltern kann das Gericht ein Kinderschutzverfahren einleiten, um zu prüfen, ob eine Kindeswohlgefährdung vorliegt und staatliche Schutzmaßnahmen erforderlich sind. Für diesen Fall kann es sein, dass Psychotherapeut*innen eine Ladung vom Gericht erhalten, wenn das Gericht davon ausgeht, dass der*die Therapeut*in relevante Informationen über die Situation des Kindes oder der Elternteile für das Verfahren beitragen kann (▶ Kap. 6) (vgl. Kindler, 2023)

7.6 Gewaltschutzbereich

Im Gewaltschutzbereich gibt es eine Vielzahl von Angeboten, um Frauen und deren Kinder, die von häuslicher Gewalt betroffen sind, zu unterstützen und es gibt Programme für die Täter.

Frauenhäuser

1976 wurden die ersten Frauenhäuser in Berlin und Köln sowie Frauennotrufe gegründet. Heute existiert eine stetig gewachsene Hilfelandschaft mit regional starken Unterschieden. Vor allem in ländlichen Regionen gibt es in mindestens 125 Kommunen Deutschlands kein eigenes Frauenhaus.

2022 gab es in Deutschland 370 Frauenhäuser und ca. 120 Schutzwohnungen mit insgesamt 6.800 Plätzen (vgl. Thie, 2022, FHK 2023). Die *Konvention zur Verhütung und Bekämpfung von Gewalt gegen Frauen und häuslicher Gewalt* (Istanbul-Konvention) gibt vor, dass pro 10.000 Einwohner*innen mindestens ein Frauenhausplatz für Frauen und eineinhalb Frauenhausplätze für Kinder und Jugendliche bereitzustellen sind. Bei einer Einwohner*innenzahl von 84,4 Mio. werden in Deutschland 8.440 Plätze für Frauen und 12.660 Plätze für Kinder benötigt, das heißt insgesamt 21.000 Plätze für Frauen, Kinder und Jugendliche (vgl. FHK, 2023). Es fehlen somit 14.200 Plätze und nicht selten werden schutzsuchende Frauen abgewiesen, da kein Platz in den Häusern frei ist. Ein Jahr lang – vom 1. Januar bis zum 31. Dezember 2022 – wertete das journalistische Netzwerk CORRECTIV (2023) täglich die Belegungsdaten von 200 Frauenhäusern aus 13 Bundesländern aus. Das Ergebnis: An durchschnittlich 303 Tagen des Jahres meldeten die ausgewerteten Frauenhäuser, dass keine Aufnahme möglich war.

Die primäre Aufgabe von Frauenhäusern ist es, Schutz und Sicherheit für gewaltbetroffene Frauen und ihre Kinder herzustellen. Aufgrund der anonymen Adresse stellen sie einen geschützten Wohnraum dar. Sie bieten psychosoziale, meist auch rechtliche Beratung an. Die Gefährdungslage wird abgeklärt und ein Sicherheitsplan erstellt. Es findet eine Krisenintervention statt, oft auch Gruppenangebote (Mutter-Kind-Angebote, Frauengruppe, Müttergruppe), eine Beratung der Mütter und eine Beratung und Betreuung der Mädchen und Jungen. Die Frauen müssen sich im Alltag selbst versorgen und sich an der Reinigung, teilweise auch an Pforten- und Telefondiensten beteiligen. Besuch von Freund*innen und Bekannten ist aufgrund der geheimen Adresse nicht möglich.

Liegt ein akuter Alkohol- oder Substanzmittelgebrauch vor, wird die Frau nicht aufgenommen. Viele Frauenhäuser nehmen (laut Aufnahmekriterien) keine Frauen mit akuten psychischen Erkrankungen auf. Ebenfalls ist die Aufnahmemöglichkeit von Söhnen ab einem gewissen Alter (meist über zwölf Jahre) in der Regel eingeschränkt. Haustiere können grundsätzlich nicht mitgenommen werden.

Wer nutzt das Angebot der Frauenhäuser? Wenn möglich, gehen Frauen in der Notsituation zu Freund*innen oder Verwandten oder sie gehen in ein Hotel, wenn finanziell möglich. Frauen mit wenigen sozialen und/oder finanziellen Ressourcen gehen in ein Frauenhaus. 71 % der Frauen in Frauenhäusern ist zwischen 20 und 40 Jahre alt. 62 % der Frauen hat Kinder. In absoluten Zahlen sind Kinder sogar in der Mehrheit im Frauenhaus. Fast 90 % der Kinder im Frauenhaus sind unter zwölf Jahre alt. 69 % der Frauen sind nicht in Deutschland geboren und nur 36 % besitzt die deutsche Staatsangehörigkeit. Nur 22 % der Frauen war vor dem Aufenthalt im Frauenhaus erwerbstätig. Während des Frauenhausaufenthaltes ging der Anteil von Frauen, die einer Erwerbstätigkeit nachgingen, um insgesamt acht Prozentpunkte auf 15 % zurück. Die Einkommenssituation der Frauen lässt sich mehrheitlich als prekär beschreiben und stammt aus mehr als einer Quelle (vgl. FHK, 2023).

Unter www.frauenhaus-suche.de (Zugriff am 12.02.2024) kann tagesaktuell die Aufnahmekapazität vieler Frauenhäuser und Schutzwohnungen bundesweit öffentlich eingesehen werden. Es kann gezielt nach Kriterien wie Barrierefreiheit oder auch der Mitnahmemöglichkeit hinsichtlich der Anzahl der Kinder gesucht werden. Die Seite ist ins Englische und in Leichte Sprache übersetzt, weitere Sprachen folgen.

Fachberatungsstellen, Frauennotrufe und Interventionsstellen

Zudem gibt es Fachberatungsstellen, Frauennotrufe und Interventionsstellen. Im Jahr 20222 waren es ca. 460 in Deutschland (vgl. Thie, 2022). Frauenberatungsstellen und Frauennotrufe klären den Hilfebedarf ab. Sie schätzen die Gefährdungslage ein und erstellen einen Sicherheitsplan, bieten Krisenintervention und psychotherapeutische Angebote an, unterstützen bei der Wohnungssuche, bieten rechtliche Beratung (zum Beispiel zu Sorge- und Umgangsrecht, Scheidungs- und Unterhaltsrecht, Bürgergeld, Aufenthaltsrecht), helfen bei Fragen zu Trennung und Scheidung, bei der Unterbringung von Kindern in Kitas oder Schulen, unterstützen bei Anträgen nach dem Gewaltschutzgesetz (wie Zuweisung der Wohnung, Schutzanordnungen, Anzeigenerstattung und Strafverfahren), begleiten ggf. zu Behörden, haben Gruppenangebote und leisten Präventions- und Öffentlichkeitsarbeit.

Zielgruppe dieser Angebote sind nicht nur Frauen und ihre Kinder, die von aktueller und/oder vergangener häuslicher Gewalt betroffen sind oder von Stalking nach einer Trennung. Auch Verwandte und Bekannte, die in ihrem näheren Umfeld mit dem Thema häusliche Gewalt konfrontiert sind, oder Institutionen, Behörden und Ämter, die Informationen zum Thema Gewalt gegen Frauen benötigen und nach Unterstützungsmöglichkeiten für gewaltbetroffene Frauen und ihre Kinder suchen, können sich an die Beratungsstellen wenden. Die Angebote sind kostenlos und anonym.

Interventionsstellen arbeiten proaktiv nach polizeilichen Einsätzen. Die Mitarbeiter*innen rufen die gewaltbetroffene Frau – sofern sie dies wünscht – an und informieren über Möglichkeiten nach dem Gewaltschutzgesetz und andere Unterstützungswege. Es gab ca. 150 Interventionsstellen 2022 in Deutschland (vgl. Thie, 2022).

Darüber hinaus gibt es spezielle Angebote für Betroffene von Menschenhandel, Zwangsprostitution und Zwangsheirat.

Bundesweites Hilfetelefon

Seit 2013 gibt es das bundesweite Hilfetelefon unter der Rufnummer 116 016. Alle 22 Minuten findet dort eine Beratung statt, per Telefon, per E-Mail, per Chat, über 40 % in den Abendstunden, nachts und an Wochenenden sowie an Feiertagen, in 18 Fremdsprachen, anonym und auch für Fachkräfte (Keienburg, 2022). Fachkräfte können sich zu Fragen und Unsicherheiten im Umgang mit dem Thema häusliche Gewalt beraten lassen und klären, welche Unterstützungsangebote zur Verfügung stehen. Es wird auch dazu beraten, wie das Thema Gewalt angesprochen werden kann, wenn man vermutet, dass die Klientin davon betroffen ist, oder wie man darauf reagieren kann, wenn die Frau ihre Gewalterfahrung mitgeteilt hat (Söchting, 2022).

Fonds Sexueller Missbrauch

Der Fonds Sexueller Missbrauch unterstützt bei der Bewältigung der Folgen von sexualisierter Gewalt in der Kindheit und Jugend. Seit Mai 2013 können Betroffene verschiedene Sachleistungen bis zu 10.000 Euro bei der Geschäftsstelle des Fonds beantragen. Sachleistungen sind zum Beispiel (Psycho-)Therapien, medizinische Dienstleistungen oder Aus- und Weiterbildungsmaßnahmen. Menschen mit Behinderung können unter bestimmten Voraussetzungen zusätzlich dazu Mehraufwendungen bis zu einer Höhe von 5.000 Euro beantragen (zum Beispiel Assistenzleistungen oder erhöhte Mobilitätskosten).

Spezialisierte Einrichtungen

Ergänzend zu den Angeboten der Antigewaltarbeit nehmen spezialisierte Einrichtungen wie Schuldner- und Suchtberatungsstellen, juristische Beratungsstellen und Angebote zur Reintegration in den Arbeitsprozess eine wichtige Rolle in der Unterstützungslandschaft für gewaltbetroffene Frauen ein. Viele Frauen suchen händeringend nach Möglichkeiten, um ein Teil der Gesellschaft und des Arbeitslebens zu bleiben, auch wenn sie nicht voll leistungsfähig sind. Wie kann eine finanzielle Absicherung gelingen, welche Weiterbildungsmöglichkeiten sind sinnvoll? Braucht es Unterstützung bei der Tagesstrukturierung, bei Bewerbungsbemühungen und/oder bei der Aufnahme einer Arbeit? Weitere Themen in einer Beratungsstelle können auch sein: Vermittlung von PC-Grundlagenkenntnissen, Bewerbungstrainings, Unterstützung bei der Erstellung der Bewerbungsunterlagen, (Wieder-)Beschaffung von Zeugnissen und Zertifikaten, Unterstützung bei der Stellensuche, Organisation von Praktika (vgl. Rapp, 2022).

Täterarbeit

Schließlich gibt es auch zahlreiche Täterprogramme, deren Ziel die nachhaltige Beendigung der Gewalt ist. Täterarbeit beinhaltet psychosoziale Beratung und soziale Trainingskurse. Meist sind Auflagen und Druck von außen nötig, Compliance und Veränderungen zu initiieren (Hafner, 2022).

> »Täterarbeit ist keine Psychotherapie. Die Ausübung häuslicher Gewalt ist Ausdruck erlernter Denk- und Verhaltensweisen und in der Regel nicht auf eine psychische Erkrankung zurückzuführen« (Bundesarbeitsgemeinschaft Täterarbeit häusliche Gewalt e. V., 2021, S. 6).

Es gibt verbindliche Standards der Bundesarbeitsgemeinschaft Täterarbeit häusliche Gewalt e. V. (2021). Demnach muss Täterarbeit vor dem Hintergrund verbindlicher Kooperationsstrukturen erfolgen, vor allem mit der Justiz.

7.7 Rechtliche Hintergrundinformationen

Dieses Kapitel schließt mit allgemeinen Informationen zu den Themen Schweigepflicht, rechtfertigender Notstand und Anzeigepflicht und geht den Fragen nach, wann ein Austausch mit anderen Fachkräften zulässig und wann er notwendig ist.

Schweigepflicht

Die Schweigepflicht der Berufsgeheimnisträger nach § 203 StGB gilt grundsätzlich und gegenüber jedermann, also auch gegenüber Angehörigen und Fachkräften anderer Versorgungsbereiche wie Polizei oder Gerichten, es sei denn, es liegt eine wirksame Schweigepflichtsentbindung vor, so dass Informationen herausgegeben werden dürfen (beispielsweise in Form einer Zeugenaussage). Ohne Schweigepflichtsentbindung gilt gegenüber Gerichten beziehungsweise der Polizei das sogenannte Zeugnisverweigerungsrecht nach §§ 383 Zivilprozessordnung und 53 Strafprozessordnung. Ausnahmen hiervon sind die Kindeswohlgefährdung beziehungsweise der rechtfertigende Notstand.

Eine Schweigepflichtsentbindung ist dann wirksam, wenn sie von einer Person erteilt wurde, die entscheidungsbefugt und einsichtsfähig ist. Erwachsene gelten in der Regel als entscheidungsbefugt und einsichtsfähig (es sei denn, eine schwere Erkrankung würde dies beeinträchtigen). Bei Kindern ist die Einsichtsfähigkeit und damit deren Entscheidungsbefugnis zu prüfen. Liegt diese nicht vor, so entscheidet der*die rechtliche Vertreter*in, in der Regel die Eltern. Im Streitfall zwischen den Eltern kann vom Gericht ein*e Ergänzungspfleger*in bestellt werden.

Für eine Schweigepflichtsentbindung ist die Schriftform nicht vorgeschrieben, im Streitfall mit Hinblick auf Nachweispflichten aber empfehlenswert. Die Schweigepflichtsentbindung soll aktuell und konkret erteilt worden sein, das heißt, die Person muss zum Zeitpunkt ihrer Zustimmung verstehen können, worüber sie entscheidet. Liegt eine derart wirksame Schweigepflichtsentbindung vor, muss der*die Psychotherapeut*in nach Aufforderung durch ein Gericht vollständig und wahrheitsgemäß Informationen weitergeben. Das Zeugnisverweigerungsrecht greift nicht mehr.

Rechtfertigender Notstand

Eine Ausnahme von der grundlegenden Schweigepflicht ist der rechtfertigende Notstand nach § 34 StGB. Voraussetzung ist eine gründliche Abwägung, inwiefern der Bruch der Schweigepflicht ein angemessenes und erforderliches Mittel dazu ist, um eine Gefahr für Leib und Leben abzuwenden. Dabei sind folgende drei Aspekte abzuwägen:

- Besteht eine Gefahr für Leib und Leben und wie wahrscheinlich ist es, dass dieser Schaden eintritt?
- Eignet sich die Informationsweitergabe dazu, den Schaden abzuwenden?
- Kann die Gefahr nicht anders abgewendet werden? Wurden alle anderen milderen Mittel zuvor ausgelotet (beispielsweise durch eine Schweigepflichtsentbindung)?

Es sollten alle wesentlichen Prüfungsschritte sorgfältig in der Akte dokumentiert sein und alle wesentlichen Aspekte der Wertung zu Offenbarung oder Nichtvorliegen der Offenbarungsvoraussetzungen aufgeführt sein. Hierzu zählen auch insbesondere die Aussagen der Frau und eventueller Bezugspersonen, der Kinder sowie eigene Wahrnehmungen.

In § 4 des Gesetzes zur Kooperation und Information im Kinderschutz (KKG) ist der rechtfertigende Notstand in Bezug auf eine Kindeswohlgefährdung näher beschrieben (▶ Kap. 6).

Anzeigepflicht

Nach § 138 StGB besteht eine Anzeigepflicht, wenn man von gravierenden Straftaten, die bevorstehen, glaubhaft erfährt. Wer zum Beispiel von Mord oder Totschlag glaubhaft zu einem Zeitpunkt erfährt, zu dem die Straftat noch abgewendet werden kann, muss anzeigen. Eine Unterlassung ist strafbar.

> Die Kammern haben meist Merkblätter zu berufsrechtlichen Fragestellungen auf ihrer Homepage zusammengestellt und bieten für ihre Mitglieder eine Rechtssprechstunde an.

8 Ausblick

Die vorliegende Arbeitshilfe hat versucht in aller Kürze aufzuzeigen, wie die psychotherapeutische und psychosoziale Praxis sich auf die Bedürfnisse von Frauen, die akut von Partnerschaftsgewalt betroffen sind, konkret einstellen kann.

Warum das dringend nötig ist, ergibt sich aus rechtlichen Rahmenbedingen wie auch aus Qualitätssicherungsaspekten, die nachfolgend beschrieben werden. Zugleich sprechen die enormen Kosten, die sich aus Gewalt gegen Frauen gesamtgesellschaftlich ergeben, dafür, zielgenauer Investitionen vorzunehmen und um nachhaltig das Leid der Betroffenen zu mindern. Abschließend werden Empfehlungen für eine verbesserte psychotherapeutische Praxis zusammenfassend formuliert.

8.1 Rechtliche Rahmenbedingungen

Aufgrund der Ratifizierung der *Konvention zur Verhütung und Bekämpfung von Gewalt gegen Frauen und häuslicher Gewalt* (Istanbul-Konvention) im Jahr 2018 muss Deutschland offensiv gegen alle Formen von Gewalt vorgehen. Diese Verpflichtung bezieht sich auch auf die Psychotherapie und psychosoziale Beratung. Die Konvention fordert, dass Deutschland eine ressortübergreifende Gesamtstrategie entwickelt, um Gewalt gegen Frauen nachhaltig zu bekämpfen. Im Rahmen einer ganzheitlichen Gewaltschutzstrategie

- sind Angehörige bestimmter Berufsgruppen, inkl. der Gesundheitsberufe, für eine gender- und diskriminierungssensible Versorgung fortzubilden (Art. 15),
- ist eine wirksame Zusammenarbeit innerhalb und zwischen Behörden und mit dem Hilfesystem zu fördern und weitere beziehungsweise sekundäre Viktimisierung zu vermeiden (Art. 18),
- ist Unterstützung gemäß den speziellen Bedürfnissen Betroffener, inkl. Zugang zu psychologischen Hilfen, zu gewährleisten (Art. 20),
- ist Zugang zu kurz- und langfristigen spezialisierten Hilfsdiensten zu ermöglichen (Art. 22),
- ist Zugang zu geeigneten Schutzunterkünften unter Berücksichtigung von gesundheitsbezogenen Unterstützungsbedarfen abzusichern (Art. 23),

- ist Betroffenen von sexualisierter und körperlicher Gewalt Traumahilfe, sofortige medizinische und rechtsmedizinische Versorgung und Beratung zur Verfügung zu stellen (Art. 25).

8.2 Qualitätssicherung

Die Qualitätsmanagement-Richtlinie des Gemeinsamen Bundesausschusses (G-BA, https://www.g-ba.de/richtlinien/87/, Zugriff am 14.10.2024) verpflichtet stationäre und ambulante Gesundheitseinrichtungen seit 2020 Prävention von und Hilfe bei Missbrauch und Gewalt zu berücksichtigen, indem eine geschützte Umgebung angeboten sowie ein Schutzkonzept vorgehalten wird und indem Mitarbeiter*innen für das Thema sensibilisiert werden, so dass vertrauensvolle Ansprechpartner*innen zur Verfügung stehen.

8.3 Kosten der Gewalt

Welche Kosten sind mit Gewalt gegen Frauen verbunden? Eine Studie des Europäischen Instituts für Gleichstellungsfragen (EIGE, 2021) schätzt die Kosten geschlechtsspezifischer Gewalt in der EU auf 366 Milliarden Euro pro Jahr. Für Deutschland belaufen sich die gesellschaftlichen Folgekosten von häuslicher und sexualisierter Gewalt gegen Frauen auf ca. 54 Milliarden Euro pro Jahr beziehungsweise auf 148 Millionen Euro pro Tag. Die hohen Kosten entstehen im Gesundheitssystem, bei Polizei und Justiz, durch Arbeitsausfall der Betroffenen oder durch die staatliche Finanzierung von Unterstützungsangeboten. Die jährlichen Kosten des deutschen Gesundheitswesens belaufen sich auf 287 Millionen Euro für die Erstversorgung, 9 Millionen Euro für psychotherapeutische Behandlungen und 145 Millionen Euro für die Versorgung nach Suizidversuchen (Sacco, 2017). Die deutsche Traumafolgenkostenstudie gibt die traumaassoziierten Gesundheitskosten in einer Größenordnung zwischen 524,5 Millionen und 3,3 Milliarden Euro jährlich an, wobei die Zahlen konservative Einschätzungen darstellen, um eine Überschätzung der Kosten zu vermeiden (Habetha, Bleich, Sievers, Marschall, Weidenhammer & Fegert, 2012).

Um die hohen Kosten für das Gesundheitssystem abzumildern und zu vermeiden, müssten dringend Investitionen in verbesserte Aus-, Fort- und Weiterbildungen der psychotherapeutischen und psychosozialen Fachkräfte erfolgen. Das Erkennen, Ansprechen und Behandeln von Folgen wiederholter geschlechtsspezifischer Gewalt und daraus entstehender komplexer Traumatisierung sollte integraler Bestandteil werden. Nur durch ein gewaltinformiertes Vorgehen in der Diagnostik und Behandlung können Fehldiagnosen und daraus resultierende Fehlbehandlungen vermieden werden (Schröttle & Glade, 2020).

8.4 Zusammenfassende Empfehlungen für die psychotherapeutische Praxis

Erfahrungen von Betroffenen zeigen, dass es infolge der erlebten Gewalt zu Stigmatisierungen kommen kann. Sie werden negativ bewertet, benachteiligt und ausgegrenzt. Diese Erfahrungen können zusätzlich dazu führen, dass einige Frauen nicht über das Erlebte sprechen möchten oder können. In der psychotherapeutischen Praxis sollte daher systematisch nach Partnerschaftsgewalt gefragt und Belastungen der Kinder erhoben und entsprechende Hilfen eingeleitet werden.

Partnerschaftsgewalt ist ein gesamtgesellschaftliches Problem. Sie basiert auf einer strukturell bedingten Asymmetrie zwischen Männern und Frauen und betrifft Kinder immer mit. Sie leiden unter Umständen lebenslang unter den Folgen. Dabei eskaliert Gewalt in Familien nicht nur besonders häufig in Übergangsphasen wie Schwangerschaft, Geburt und Trennung, sondern nimmt in vielen Fällen im Verlauf der Jahre an Intensität und Häufigkeit zu. Scham, Schuldgefühle, gesellschaftliche Stigmatisierung, Isolierung und *Victim Blaming* tragen dazu bei, dass Gewaltsituationen in Familien lange Zeit ertragen werden. Dabei ist es gerade im Hinblick auf die Söhne und Töchter wichtig, möglichst frühzeitig Hilfen zu etablieren, korrigierende Sozialisationserfahrungen zu ermöglichen und Gewaltsituationen zu beenden. Kinder wachsen in einem dauerhaften Klima von Bedrohung und ohnmächtiger Angst um die eigene Sicherheit, die Mutter und die Geschwister auf. Der enge Zusammenhang zwischen Gewalterfahrungen in der Kindheit und im späteren Leben, besonders in eigenen Partnerschaften und im Umgang mit den eigenen Kindern, konnte im Rahmen zahlreicher nationaler und internationaler Studien eindeutig belegt werden. Hinzu kommt, dass Gewalterfahrungen die Erziehungsfähigkeit beider Elternteile negativ beeinflussen können. Daher braucht es einen geschlechts- und bindungssensiblen Ansatz, der äußere und innere Schutzfaktoren fördert, um sich über mehrere Generationen wiederholende Gewaltgeschichten im Leben von Mädchen und Jungen zu unterbrechen und diesen Gewaltzyklen nachhaltig vorzubeugen.

Partnerschaftsgewalt ist nach wie vor sehr tabuisiert und von Mythen umrankt. In der Arbeit mit gewaltbetroffenen Frauen geht es darum, das Unaussprechliche besprechbar zu machen. Es geht darum, Gewalt und ihre Folgen anzusprechen und hinzusehen, Schuldzuschreibungen zu vermeiden und Verantwortung zu übernehmen, das heißt, nicht sofort an Beratungsstellen und Frauenhäuser abzugeben, sondern eine sichere Beziehung zu der betroffenen Frau aufzubauen, Ambivalenzen auszuhalten und zu begleiten. Es geht darum, Entmündigungen zu vermeiden und davon abzusehen, Maßnahmen ohne Einverständnis einzuleiten (vgl. Kuitunen-Paul, ter Balk & Hahn, 2022).

Um Betroffene in einer unerträglichen und stark gesundheitsgefährdenden Lebenssituation zu unterstützen, müssen Psychotherapeut*innen niedrigschwellig mit ihren Angeboten ansetzen und eng mit anderen Institutionen zusammenarbeiten (▶ Kap. 6). Dies deckt sich mit der Forderung der S3-Leitlinie für PTSD, dass ein psychosoziales Unterstützungssystem organisiert werden sollte (Schäfer et al., 2019).

Um eine vernetzte Versorgung in der Praxis zu gewährleisten, braucht es Wissen zu Kinderschutz bei häuslicher und sexualisierter Gewalt, zu rechtlichen Rahmenbedingungen wie Gewaltschutzgesetz und Soziales Entschädigungsrecht, es braucht Wissen hinsichtlich des regionalen Hilfesystems und bestehender Versorgungsketten (Polizei, Krankenhaus, Gewaltschutzbereich etc.). Entsprechende Informationsblätter, Leitfäden und Adresslisten sollten von den Kammern öffentlich zugänglich gemacht und ihren Mitgliedern zur Verfügung gestellt werden. Es ist erforderlich, dass geschlechtsspezifische und gewaltinformierte Fortbildungsangebote kontinuierlich stattfinden und evaluiert sind und die Betroffenenbeteiligung grundsätzlich in allen Sensibilisierungs- und Fortbildungsaktivitäten sichergestellt wird (vgl. Arbeitsgruppe Psychische Gesundheit gewaltbetroffener Frauen, 2022).

> Es bleibt zu hoffen, dass die psychosoziale und psychotherapeutische Praxis die bestehenden Hürden abbaut, die es betroffenen Frauen mit und ohne Kinder bislang so schwer macht, die dringend benötigte Unterstützung in Anspruch zu nehmen (vgl. Gahleitner, Giertz, Caspari, Caspari & Keupp, 2022). Hierzu zählt,
>
> - dass die Lebenskontexte und biographischen Ereignisse in der Diagnosestellung ausdrücklich berücksichtigt werden;
> - dass niedrigschwellig Brücken gebaut werden, die es Betroffenen erleichtern, ihr Misstrauen, ihre Angst, ihre Scham und Selbstwertprobleme, die sich im Zuge der Gewalterfahrung aufgebaut haben, zu überwinden;
> - dass die Strukturprobleme der Psychotherapie abgebaut werden (in Form von langen Wartezeiten, zu geringen Stundenkontingenten und teils hochschwelligen Anforderungen wie wöchentliches und pünktliches Erscheinen);
> - dass das dringend nötige interdisziplinäre Arbeiten in der Psychotherapie gefördert wird;
> - dass das nötige Wissen in den Grundausbildungen der Psychotherapeut*innen verbindlich etabliert wird.

Literatur

Albermann, K., Wiegand-Grefe, S. & Winter, S. (2019). Kinderschutz in Familien mit einem psychisch erkrankten Elternteil. *Praxis der Kinderpsychologie und Kinderpsychiatrie, 68,* 6–26.
American Psychiatric Association (2018). *Diagnostisches und Statistisches Manual Psychischer Störungen DSM-5.* Göttingen: Hogrefe.
American Psychological Association (2017). *Clinical practice guideline for the treatment of PTSD.* Washington, D.C.: APA.
Arbeitsgruppe Psychische Gesundheit gewaltbetroffener Frauen (2022). *Gemeinsam die psychische Gesundheit gewaltbetroffener Frauen stärken.* Arbeitskreis Frauengesundheit e. V. Zugriff am 24.12.2023 unter: https://www.arbeitskreis-frauengesundheit.de/wp-content/uploads/2022/11/Positionspapier-AKF-LANG.pdf
Bartholomew, K. & Horowitz L. M. (1991). Attachment styles among young adults: A test for a four-category model. *Journal of Personality and Social Psychology, 61,* 226–244.
Bauer, M., Priebe, S. & Severus, E. (2019). Pharmakotherapie von Traumafolgestörungen. In Maercker, A. (Hrsg.). *Traumafolgestörungen* (365–378). Berlin: Springer.
Bengel, J., Becker-Nehring, K. & Hillebrecht, J. (2019). Psychologische Frühinterventionen. In Maercker, A. (Hrsg.). *Traumafolgestörungen* (189–216). Berlin: Springer.
Bennett, L. & Bland, P. (2008). *Substance abuse and intimate partner violence.* Harrisburg, PA: VAWnet, a project of the National Resource Center on Domestic Violence/Pennsylvania Coalition Against Domestic Violence. Zugriff am 08.12.2023 unter: https://vawnet.org/sites/default/files/materials/files/2016-09/AR_SubstanceRevised.pdf
Betroffenenrat Traumanetz Berlin (2021). *Klinische Behandlungsangebote traumasensibel und frauenspezifisch gestalten.* Zugriff am 04.12.2023 unter: https://traumanetz.signal-intervention.de/sites/traumanetz/files/2021-08/Traumanetz-Berlin_Behandlungsangebote-traumasensibel-und-frauenspezifisch-gestalten.pdf
Betroffenenrat Traumanetz Berlin (2022). *Der Betroffenenrat informiert über die Betroffenenperspektive. Infoblatt »Traumasensible Formulierungen«.* Zugriff am 04.12.2023 unter: https://traumanetz.signal-intervention.de/sites/traumanetz/files/2023-11/2023_11_23_Traumasensible%20Formulierungen_web.pdf
Betroffenenrat Traumanetz Berlin (2023). *Traumainformierte, geschlechtssensible ambulante Psychotherapie – Wünsche und Erwartungen aus Betroffenensicht.* Zugriff am 04.12.2023 unter: https://traumanetz.signal-intervention.de/sites/traumanetz/files/2023-09/Positionspapier_ambulante%20Psychotherapie%20%28Stand%20September%202023%29.pdf
Biesold, K.-H., Barre, K. & Zimmermann, P. (2019). Militär. In Maercker, A. (Hrsg.). *Traumafolgestörungen* (461–479). Berlin: Springer.
Black, M. C. (2011). Intimate partner violence and adverse health consequences. *American Journal of Lifestyle Medicine, 5,* 428–439.
Böhm, R., Mall, V., Riedel-Wendt, F., Stellermann-Strehlow, K., Streeck-Fischer, A. & Woud, M. (2019). Behandlung der PTBS bei Kindern und Jugendlichen. In Schäfer, I., Gast, U., Hofmann, A., Knaevelsrud, C., Lampe, A., Libermann, P., Lotzin, A. l., Maercker, A., Rosner, R. & Wöllner, W. (Hrsg.). (2019). *S3-Leitlinie Posttraumatische Belastungsstörung (59–82).* Berlin: Springer.
Bogat, G. A., Garcia, A. M. & Levendosky, A. A. (2013). Assessment and psychotherapy with women experiencing intimate partner violence: Integrating research and practice. *Psychodynamic Psychiatry, 41,* 189–218.

Bohus, M., Dyer, A. S., Priebe, K., Krüger, A., Kleindienst, N., Schmahl, C., Niedtfeld, I. & Steil, R. (2013). Dialectical behavior therapy for post-traumatic stress disorder after childhood sexual abuse in patients with and without borderline personality disaorder: a randomised controlled trial. *Psychotherapy and Psychosomatics, 82,* 221–233.

Bonanno, G. A. (2000). Loss, trauma, and human resilience: Have we underestimated the human capacity to thrive after extremely aversive events? *Psychological Trauma, 1,* 101–113.

Bormann, M. (2022). Häusliche Gewalt – das unveränderte Tabu in der Psychotherapie. *Verhaltenstherapie & Psychosoziale Praxis, 1,* 27–36.

Bormann, M. (2023). Von den Hürden, Kinder als Betroffene zu sehen. *Verhaltenstherapie mit Kindern & Jugendlichen. Zeitschrift für die psychosoziale Praxis, 19,* 71–76.

Böttche, M., Kuwert, P. & Knaevelsrud, C. (2019). Gerontopsychotraumatologie. In Maercker, A. (Hrsg.). *Traumafolgestörungen* (511–526). Berlin: Springer.

Brenssell, A., Hartmann, A. & Schmitz-Weicht, C. (2020). *Kontextualisierte Traumaarbeit. Beratung und Begleitung nach geschlechtsspezifischer Gewalt – Forschungsergebnisse aus der Praxis feministischer Beratungsstellen.* Berlin: hinkelsteindruck.

Brewin, C. R., Andrews, B. & Valentine, J. D. (2000). Meta-analysis of risk factors for post-traumatic stress disorder in trauma-exposed adults. *J Consult Clin Psychol, 68,* 748–766.

Brisch, K. H. (2010). Psychologische Aspekte der Vernachlässigung und Misshandlung von Kindern. *»Hauner Journal« Zeitschrift des Dr. von Haunerschen Kinderspitals, 41/42,* 20–27.

Brisch, K. H. (2013). Auswirkungen häuslicher Gewalt auf die Entwicklung von Säuglingen und Kleinkindern – Befunde aus der neurobiologischen Forschung. In Kavemann, B. & Kreyssig, U. (Hrsg.). *Handbuch Kinder und häusliche Gewalt* (169–186). Wiesbaden: Springer.

Brzank, P. (2022). *Gesundheitliche Folgen von (häuslicher) Gewalt gegen Frauen.* Lerneinheit 3: Folgen häuslicher Gewalt. E-Learning Gewaltschutz. Schutz und Hilfe bei häuslicher Gewalt. Universitätsklinikum Ulm. https://haeuslichegewalt.elearning-gewaltschutz.de/

Bühring, P. (2022). Gender und Psychotherapie – blinde Spots sichtbar machen. *Ärzteblatt, 12,* 560–561.

Bundesarbeitsgemeinschaft Täterarbeit Häusliche Gewalt (BAG TäHG e.V.) (2021). *Arbeit mit Tätern in Fällen häuslicher Gewalt: Standard der Bundesarbeitsgemeinschaft Täterarbeit Häusliche Gewalt e.V.* Bundesministerium für Familie, Senioren, Frauen und Jugend. MKL Druck GmbH & Co. KG. Zugriff am 11.12.2023 unter: https://www.bmfsfj.de/resource/blob/95364/49d48cb73caecfebe4030b8aea78032c/standards-taeterarbeit-haeusliche-gewalt-data.pdf

Bundeskriminalamt (2023). *Lagebild Häusliche Gewalt 2022.* Zugriff am 24.10.2023 unter: https://www.bka.de/DE/AktuelleInformationen/StatistikenLagebilder/Lagebilder/HaeuslicheGewalt/haeuslicheGewalt_node.html

Bundeskriminalamt (o.J.). *Projektbeschreibung »Lebenssituation, Sicherheit und Belastung im Alltag (LeSuBiA)«.* Zugriff am 25.11.2023 unter: https://www.bka.de/DE/UnsereAufgaben/Forschung/ForschungsprojekteUndErgebnisse/Dunkelfeldforschung/LeSuBiA/Projektbeschreibung/projektbeschreibung_node.html

Bundesministerium für Familie, Senioren, Frauen und Jugend (2023). *Häusliche Gewalt im Jahr 2022: Opferzahl um 8,5 Prozent gestiegen – Dunkelfeld wird stärker ausgeleuchtet.* Zugriff am 30.08.2024 unter: https://www.bmfsfj.de/bmfsfj/aktuelles/presse/pressemitteilungen/haeusliche-gewalt-im-jahr-2022-opferzahl-um-8-5-prozent-gestiegen-dunkelfeld-wird-staerker-ausgeleuchtet-228400

Bündnis Istanbul Konvention (BIK) (2021). *Alternativbericht zur Umsetzung des Übereinkommens des Europarats zur Verhütung und Bekämpfung von Gewalt gegen Frauen und häuslicher Gewalt.* Zugriff am 24.10.2023 unter: https://www.bmfsfj.de/resource/blob/183606/fb14953b4d67ab87db0a0dbe57acdd5c/buendnis-istanbul-konvention-alternativbericht-data.pdf

Bundschuh, C. (2023). Kinder und Jugendliche als Mitbetroffene von Gewalt in Paarbeziehungen. *Verhaltenstherapie mit Kindern & Jugendlichen. Zeitschrift für die psychosoziale Praxis, 19,* 63–68.

Burgard, R. (2002). *Frauenfalle Psychiatrie. Wie Frauen verrückt gemacht werden.* Berlin: Orlanda Frauenverlag.

Burke, J., Gieln, A. C., Mahoney, P. & Mcdonnell, K. (2009). Defining appropriate stages of change for intimate partner violence survivors. *Violence and Victims, 24,* 36–51.

Büttner, M. (2020). Gesundheitliche Folgen von häuslicher Gewalt. In Büttner, M. (Hrsg.). *Handbuch Häusliche Gewalt (3–23)*. Stuttgart: Schattauer.

Clemens, V., Plener, P. L., Kavemann, B., Brähler, E., Strauß, B. & Fegert, K. M. (2019). Häusliche Gewalt: Ein wichtiger Risikofaktor für Kindesmisshandlung. *Zeitschrift für Psychiatrie, Psychologie und Psychotherapie, 67,* 92–99.

Cloitre, M., Cohen, L. R. & Koenen, K. C. (2013). *Sexueller Missbrauch und Misshandlung in der Kindheit. Ein Therapieprogramm zur Behandlung komplexer Traumafolgen.* Göttingen: Hogrefe.

Cloitre, M., Koenen, K. C., Cohen, L. R. & Han, H. (2002). Skills training in affective and interpersonal regulation followed by exposure: a phase-based treatment for PTSD related to childhood abuse. *Journal of Consulting and Clinical Psychology, 70,* 1067–1074.

Coker, A. L., Smith, P. H., Thompson, M. P., McKeown, R. E., Bethea, L. & Davis, K. E. (2002). Social support protects against the negative effects of partner violence on mental health. *Journal of Womens Health Gender Based Medicine, 11,* 465–476.

CORRECTIV (2023). *Häusliche Gewalt. Wie ernst die Lage in den Frauenhäusern ist.* Zugriff am 23.12.2023 unter: https://correctiv.org/aktuelles/2023/03/06/haeusliche-gewalt-frauenhaus-platz-finden/

de Andrade, M. & Gahleitner, S. B. (2022). Kinder, die von Partnerschaftsgewalt mitbetroffen sind. In Büttner, M. (Hrsg.). *Handbuch Häusliche Gewalt (91–98)*. Stuttgart: Schattauer.

Deblinger, E., Pollio, E. & Dorsey, S. (2016). Applying trauma-focused cognitive-behavioral therapy in group format. *Child Maltreatment, 21,* 59–73.

Deutsche Bundesregierung (11.07.2023). *Lagebild Häusliche Gewalt. Zahl der Opfer von häuslicher Gewalt steigt deutlich an.* Berlin. Zugriff am 25.11.2023 unter: https://www.bmfsfj.de/bmfsfj/aktuelles/alle-meldungen/zahl-der-opfer-von-haeuslicher-gewalt-steigt-deutlich-an-228266

DIM – Deutsches Institut für Menschenrechte (2023). *Bericht über die Datenlage zu geschlechtsspezifischer Gewalt gegen Frauen und häuslicher Gewalt in Deutschland*
Grundlagen für ein Umsetzungsmonitoring zur Istanbul-Konvention. Zugriff am 24.10.2023 unter: https://www.institut-fuer-menschenrechte.de/fileadmin/Redaktion/Publikationen/Weitere_Publikationen/20230831_Datenbericht_gG.pdf

Dokkedahl, S., Kristensen, T. R., Murphy, S. & Elklit, A. (2021). The complex trauma of psychological violence: cross-sectional findings from a cohort of four Danish women shelters. *European Journal of Psychotraumatology, 12,* https://doi.org/10.1080/20008198.2020.1863580

Dong, M., Anda, R. F., Felitti, V. J., Dube, S. R., Williamson, D. F., Thompson, T. J., Loo, C. M. & Giles, W. H. (2004). The interrelatedness of multiple forms of childhood abuse, neglect, and household dysfunction. *Child Abuse Negl. 28,* 771–84.

Ehlers, A. & Clark, D. M. (2000). A cognitive model of posttraumatic stress disorder. *Behaviour Research and Therapy, 38,* 319–345.

Ehring, T., Hoffmann, A., Kleim, B., Liebermann, P., Lotzin, A., Maercker, A., Neuner, F., Reddemann, O., Schäfer, I. & Schellong, J. (2019). Psychotherapeutische Behandlung. In Schäfer, I., Gast, U., Hofmann, A., Knaevelsrud, C., Lampe, A., Libermann, P., Lotzin, A., Maercker, A., Rosner, R. & Wöllner, W. (Hrsg.) (2019). *S3-Leitlinie Posttraumatische Belastungsstörung (23–29)*. Berlin: Springer.

Enders Dragässer, U. & Sellach, B. (1999). *Frauen in der stationären Psychiatrie. Ein interdisziplinärer Bericht.* Lage: Verlag Hans Jacobs.

Ennis, N., Sijercic, I. & Monson, C. M. (2021). Trauma-focused cognitive-behavioral therapies for posttraumatic stress disorder under ongoing threat: A systematic review. *Clinical Psychology Review, 88,* https://doi.org/10.1016/j.cpr.2021.102049

Ernst, M. (2022). Das Interventionsnetz bei häuslicher Gewalt – Akteure, Aufgaben und rechtliche Kooperationsmöglichkeiten in Deutschland. *Trauma, 1,* 30–38.

Europarat (2011). *Übereinkommen des Europarats zur Verhütung und Bekämpfung von Gewalt gegen Frauen und häuslicher Gewalt und erläuternder Bericht.* Zugriff am 24.10.2023 unter: https://rm.coe.int/1680462535

European Institute for Gender Equality (EIGE) (2021). *The costs of gender-based violence in the European Union.* Luxembourg: Publications Office of the European Union. Zugriff am

27.11.2023 unter: https://eige.europa.eu/publications-resources/publications/costs-gender-based-violence-european-union

Felitti, V. J., Anda, R. F., Nordenberg, D., Williamson, D. F., Spitz, A. M., Edwards, V., Koss, M. P. & Marks, J. S. (1998). Relationship of childhood abuse and household dysfunction to many of the leading causes of death in adults: The adverse childhood experiences (ACE) study. *American Journal of Preventive Medicine, 14*, 245–258.

Frauenhauskoordinierung e.V. (FHK) (2023). *Bundesweite Frauenhaus-Statistik 2022*. Zugriff am 11.12.2023 unter: https://www.frauenhauskoordinierung.de/fileadmin/redakteure/Publikationen/Statistik/2023-11-08__Frauenhausstatistik2022_Langfassung_final_FHK.pdf

Fliß, C. (2013). Psychotherapie bei noch bestehendem Täterkontakt. In Sack, M., Sachsse, U. & Schellong, J. (Hrsg.). *Komplexe Traumafolgestörungen. Diagnostik und Behandlung von Folgen schwerer Gewalt und Vernachlässigung* (373–379). Stuttgart: Schattauer.

Foa, E. B., Dancu, C. V., Hembree, E. A., Jayox, L. H., Meadows, E. A. & Street, G. P. (1999). A comparison of exposure therapy, stress inoculation training, and their combination for reducing posttraumatic stress disorder in female assault victims. *Journal of Consulting and Clinical Psychology, 67*, 194–200.

FRA – Agentur der Europäischen Union für Grundrechte. (2014). Gewalt gegen Frauen: eine EU-weite Erhebung. Ergebnisse auf einen Blick. Zugriff am 08.02.2024 unter http://fra.europa.eu/sites/default/files/fra-2014-vaw-survey-at-a-glance-oct14_de.pdf

Franke, I. & Riecher-Rössler, A. (2011). Missbrauch in therapeutischen Beziehungen. *Nervenarzt, 9*, 1145–1150.

Franke, L. (2023). *Häusliche Gewalt im Umgangs- und Sorgerecht. Handlungsbedarfe und Empfehlungen.* Berlin: Deutsches Institut für Menschenrechte. Zugriff am 25.11.2023 unter: https://www.institut-fuer-menschenrechte.de/fileadmin/Redaktion/Publikationen/Analyse_Studie/Analyse_HaeuslicheGewaltimUmgangsundSorgerecht.pdf

Frasier, P. Y., Slatt, L., Kowlowitz, V. & Glowa, P. T. (2001). Using the stages of change model to counsel victims of intimate partner violence. *Patient Education and Counseling, 43*, 211–217.

Gahleitner, S. (2009). Persönliche Beziehungen aus bindungstheoretischer Sicht. In Lenz, K. & Nestmann, F. (Hrsg). *Handbuch persönliche Beziehungen* (145–171). Weinheim München: Juventa.

Gahleitner, S. (2013). Genderaspekte in der Behandlung von Patientinnen und Patienten mit komplexen Traumafolgestörungen. In Sack, M., Sachsse, U. & Schellong, J. (Hrsg.), *Komplexe Traumafolgestörungen. Diagnostik und Behandlung von Folgen schwerer Gewalt und Vernachlässigung* (394–408). Stuttgart: Schattauer.

Gahleitner, S., Giertz, K., Caspari, C., Caspari, P. & Keupp, H. (2022). Der Preis der Psychotherapie – Argumente für eine Wiederbelebung der sozialen Perspektive im psychotherapeutischen Denken und Handeln. *Psychotherapie Forum, 26*, 94–100.

Gemeinsamer Bundesausschuss (G-BA) (2015/2024). Richtlinie des Gemeinsamen Bundesausschusses über grundsätzliche Anforderungen an ein einrichtungsinternes Qualitätsmanagement für Vertragsärztinnen und Vertragsärzte, Vertragspsychotherapeutinnen und Vertragspsychotherapeuten, medizinische Versorgungszentren, Vertragszahnärztinnen und Vertragszahnärzte sowie zugelassene Krankenhäuser. Zugriff am 22.09.2024 unter: https://www.g-ba.de/downloads/62-492-3427/QM-RL_2024-01-18_iK-2024-04-20.pdf

Gersons, P. R. B., Meewisse, M. & Nijdam, M. J. (2015). Brief Eclectic Psychotherapy for PTSD. In Schnyder, U. & Cloitre, M. (Hrsg.) *Evidence-based treatments for trauma-related psychological disorders* (255–276). Switzerland: Springer International Publishing

GiG-net (Hrsg.). (2008). *Gewalt im Geschlechterverhältnis: Erkenntnisse und Konsequenzen für Politik, Wissenschaft und soziale Praxis.* Verlag Barbara Budrich.

Giljohann, S. & Bendix-Kaden, M. (2022). *Polizeilicher Opferschutz bei Fällen häuslicher Gewalt.* Lerneinheit 9: Wegweisung & polizeiliches Handeln. E-Learning Gewaltschutz. Schutz und Hilfe bei häuslicher Gewalt. Universitätsklinikum Ulm. https://haeuslichegewalt.elearninggewaltschutz.de/

Gloor, D. & Meier, H. (2022). *Phasen der Intervention und Unterstützung bei häuslicher Gewalt.* Lerneinheit 4: Intervention & Unterstützung. E-Learning Gewaltschutz. Schutz und Hilfe bei häuslicher Gewalt. Universitätsklinikum Ulm. https://haeuslichegewalt.elearning-ge waltschutz.de/

GREVIO – Expertengruppe zur Bekämpfung von Gewalt gegen Frauen und häuslicher Gewalt (2022). *Verhütung und Bekämpfung von Gewalt gegen Frauen und häuslicher Gewalt. Erster Bericht des Expertenausschusses (GREVIO) zur Umsetzung des Übereinkommens des Europarats vom 11. Mai 2011 (Istanbul-Konvention) in Deutschland.* Zugriff am 24.10.2023 unter: https://www.bmfsfj.de/resource/blob/202386/3699c9bad150e4c4ff78ef54665a85c2/grevio-evaluie rungsbericht-istanbul-konvention-2022-data.pdf

Grossmann, K., Rosner, R. & Barke, A. (2023). Wie denken Psychotherapeut*innen in Deutschland über die Durchführung von Traumatherapie. *Psychotherapie, 68,* 440–448.

Gurr, J., Pajot, M., Nobbs, D., Mailloux, L. & Archambault, D. (2008). *Stop family violence. breaking the links between poverty and violence against women.* Ottawa: Public Health Agency of Canada.

Gysi, J. (2022). *Diagnostik von Traumafolgestörungen. Multiaxiales Trauma-Dissoziations-Modell nach ICD-11.* Bern: Hogrefe.

Habetha, S., Bleich, S., Sievers, C., Marschall, U., Weidenhammer, J. & Fegert, J. M. (2012). *Deutsche Traumafolgekostenstudie. Kein Kind mehr – kein(e) Trauma(kosten) mehr?* Zugriff am 09.12.2023 unter: https://beauftragte-missbrauch.de/fileadmin/user_upload/Publikation_-_Abschlussberichte/Publikat_Deutsche_Traumafolgekostenstudie_final.pdf

Häcker, H. & Stapf, K. H. (2009). *Dorsch Psychologisches Wörterbuch.* Hans Huber: Bern.

Hagemann-White, C. & Bohne, S. (2003). Versorgungsbedarf und Anforderungen an Professionelle im Gesundheitswesen im Problembereich Gewalt gegen Frauen. In Nordrhein-Westfalen Landtag (Hrsg.). *Zukunft einer frauengerechten Gesundheitsversorgung in NRW. Bericht der Enquetekommission des Landtags Nordrhein-Westfalen* (167–184). Wiesbaden: VS Verlag für Sozialwissenschaften.

Hafner, G. (2022). Die Istanbul-Konvention: Die Rolle der Täterarbeit bei der Bekämpfung von Gewalt gegen Frauen. *Trauma, 1,* 69–73.

Hameed, M., O'Doherty, L., Gilchrist, G., Tirado-Muñoz, J., Taft, A., Chondros, P., Feder, G., Tan, M. & Hegarty, K. (2020). Psychological therapies for women who experience intimate partner violence. *Cochrane Database Syst Rev., 7,* https://doi.org/10.1002/14651858.CD013 017.pub2

Hammerschall, A. (2012). *Beziehungen zwischen Liebe und Gewalt. Eine empirische Studie an Frauen in einem Kärtner Frauenhaus.* Diplomarbeit. Alpen-Adria-Universität Klagenfurt. Zugriff am 26.11.2023 unter: https://netlibrary.aau.at/obvuklhs/download/pdf/2409484?ori ginalFilename=true

Häuser, W., Schmutzer, G., Brähler, E. & Glaesmer, H. (2011). Maltreatment in childhood and adolescence – results from a survey of a representative sample of the German population. *Deutsches Ärzteblatt, 108,* 187–294.

Hellbernd, H., Brzank, P., Wieners, K. & Maschewsky-Schneider, U. (2004). *Häusliche Gewalt gegen Frauen: gesundheitliche Versorgung. Das S.I.G.N.A.L.-Interventionsprogramm. Handbuch für die Praxis. Wissenschaftlicher Bericht.* Gefördert durch das Bundesministerium für Familie, Senioren, Frauen und Jugend (BMFSFJ). Berlin: Eigendruck.

Herman, A. (2019). Literature review: Analyzing the reasons for returning to abusive partners. *The BYU Undergraduate Journal of Psychology, 14,* 133–148.

Herman, J. (2018). *Die Narben der Gewalt. Traumatische Erfahrungen verstehen und überwinden.* 5. aktualisierte Aufl. Paderborn: Junfermann.

Hirigoyen, M.-F. (2008). *Warum tust du mir das an? Gewalt in Partnerschaften.* München: Deutscher Taschenbuch Verlag.

Hobfoll, S. E., Watson, P., Bell, C. C., Bryant, R. A., Brymer, M. J., Friedman, M. J., Gersons, B. P. R., de Jong, J. T. V. M., Layne, C. M., Maguen, S., Neria, Y., Norwood, A. E., Pynoos, R. S., Reissman, D., Ruzek, J. I., Shalev, A. Y., Solomon, Z., Steinberg, A. M. & Ursano, R. J. (2007). Five essential elements of immediate and mid-term mass trauma intervention: Empirical evidence. *Psychiatry, 70,* 283–315.

Hornberg, C., Schröttle, M., Khelaifat, N., Pauli, A. & Bohne, S. (2008). *Gesundheitliche Folgen von Gewalt.* Robert Koch Institut.

Horowitz, M. J. (2021). *Treatment of stress response syndromes*, 2. Aufl. Washington, D. C.: American Psychiatric Publishing.

Hülsmann, I. (2011). Übergriffe in Therapie. In Borst, U. & Lanfranchi, A. (Hrsg.). *Liebe und Gewalt in nahen Beziehungen. Therapeutischer Umgang mit einem Dilemma* (234–250). Heidelberg: Carl-Auer Verlag.

International Classification of Diseases (ICD-11) for Mortality and Morbidity Statistics (2021). Zugriff am 13.12.2023 unter https://icd.who.int/browse11/l-m/en

Iverson, K. M., Gradus, J. L., Resick, P. A., Suvak, M. K., Smith, K. F. & Monson, C. M. (2011) Cognitive-behavioral therapy for PTSD and depression symptoms reduces risk for future intimate partner violence among interpersonal trauma survivors. *Journal of Consulting and Clinical Psychology, 79*, 193–202.

Joel, A. (2022). *»Warum bist du nicht einfach gegangen?«* Lerneinheit 2: Gewaltverhältnisse & Gewaltdynamiken. E-Learning Gewaltschutz. Schutz und Hilfe bei häuslicher Gewalt. Universitätsklinikum Ulm. https://haeuslichegewalt.elearning-gewaltschutz.de/

Johnson, M. P. (2005). The differential effects of intimate terrorism and situational couple violence. Findings from the national violence against women survey. *Journal of Family Issues, 26*, 322–349.

Johnson, M. P. (2008). *A typology of domestic violence. Intimate terrorism, violent resistance and situational couple violence*. Boston: Northeastern University Press.

Jungnitz, L., Lenz, H.-J., Puchert, R., Puhe, H. & Walter, W. (2007). *Gewalt gegen Männer. Personale Gewaltwiderfahrnisse von Männern in Deutschland – Ergebnisse der Pilotstudie*. Bundesministeriums für Familie, Senioren, Frauen und Jugend. Zugriff am 24.11.2023 unter: https://www.bmfsfj.de/resource/blob/84590/a3184b9f324b6ccc05bdfc83ac03951e/studie-gewalt-maenner-langfassung-data.pdf

Kaden, A. (2021). Vortrag *Wie können Kinder in Therapie besser berücksichtigt werden?* Kinderschutz im Rahmen von traumafokussierter Psychotherapie bei Erwachsenen während der Fachveranstaltung »Die Komplexität der traumatherapeutischen Psychotherapie gewaltbetroffener Frauen mit und ohne Kinder« der Fachstelle Traumanetz Berlin. Zugriff am 06.12.2023 unter: https://www.traumanetz.signal-intervention.de/sites/traumanetz/files/2021-12/Vortrag%2014-12-21%20Kaden_0.pdf

Kavemann, B., Nagel, B. & Grafe B. (2022). Auswertung der Befragung von Betroffenen von häuslicher Gewalt zum Fortbildungsbedarf in unterschiedlichen Berufsfeldern. Zugriff am 10.11.2023 unter: https://www.bmfsfj.de/resource/blob/207980/402ce388152d5a4202fa7747de9c7540/ergebnisbericht-auswertung-der-befragung-von-betroffenen-von-haeuslicher-gewalt-zum-fortbildungsbedarf-in-unterschiedlichen-berufsfeldern-data.pdf

Keienburg, S. (2022). Welche Unterstützung das Hilfetelefon »Gewalt gegen Frauen« deutschlandweit bietet. *Trauma, 1*, 74–78.

Keilson, H. (2005). *Sequentielle Traumatisierung bei Kindern: Untersuchung zum Schicksal jüdischer Kriegswaisen*. Gießen: Psychosozial-Verlag.

Kinderschutz Schweiz (2020). *Häusliche Gewalt – Fokus Partnerschaftsgewalt*. Zugriff am 24.10.2023 unter: https://www.kinderschutz.ch/angebote/praeventionsangebote/es-soll-aufhoeren

Kindler, H. (2013). Partnergewalt und Beeinträchtigungen kindlicher Entwicklung. Ein aktualisierter Forschungsüberblick. In Kavemann, B. & Kreyssig, U. (Hrsg.). *Handbuch Kinder und häusliche Gewalt* (27–47). Wiesbaden: Springer.

Kindler, H. (2022). Auswirkungen häuslicher Gewalt auf Kinder bzw. Jugendliche. *Trauma, 20*, 14–21.

Kindler, H. (2023). Familiengerichtliche Verfahren nach Partnerschaftsgewalt. *Verhaltenstherapie mit Kindern & Jugendlichen. Zeitschrift für die psychosoziale Praxis, 19*, 79–87.

Kirchner, E. (2022). Gemeinsam gegen Gewalt an Frauen. *Psychotherapie Aktuell, 1*, 28–32.

Klein, B. & Rohde, J. (2018). Andere Traumafolgestörungen und Komorbiditäten: Depressive Störungen. In Schellong, J., Epple, F. & Weidner, K. (Hrsg.). *Praxishandbuch Psychotraumatologie* (89–93). Stuttgart: Georg Thieme Verlag.

Knaevelsrud, C., Bering, R. & Rau, H. (2019). Diagnostik der Posttraumatischen Belastungsstörung. In Schäfer, I., Gast, U., Hofmann, A., Knaevelsrud, C., Lampe, A., Libermann, P., Lotzin, A., Maercker, A., Rosner, R. & Wöllner, W. (Hrsg.) (2019). *S3-Leitlinie Posttraumatische Belastungsstörung* (16–23). Berlin: Springer.

Knaevelsrud, C. & Lorbeer, N. (2021). Onlinetherapeutische Behandlungsmöglichkeiten der Posttraumatischen Belastungsstörung. In Müller, J., Ruf-Leuschmer, M., Grimmer, B., Knaevelsrud, C. & Dammann, G. (Hrsg.). *Traumafolgen. Forschung und therapeutische Praxis* (S. 113–124). Stuttgart: Kohlhammer.
Köllner, V. (2018). Traumalangzeitfolgen: Schutz- und Risikofaktoren. In Schellong, J., Epple, F. & Weidner, K. (Hrsg.). *Praxishandbuch Psychotraumatologie* (39–42). Stuttgart: Georg Thieme Verlag.
Köllner, V. (2019). Posttraumatische Belastungsstörung bei körperlichen Erkrankungen und medizinischen Eingriffen. In Maercker, A. (Hrsg.). *Traumafolgestörungen* (443–459). Berlin: Springer.
Korittko, A. (2022). Gewalt gegen Kinder. In Büttner, M. (Hrsg.). *Handbuch Häusliche Gewalt* (99–106). Stuttgart: Schattauer.
Küken-Beckmann, H. & Kratky, N. (2022). Die Dynamik von häuslicher Gewalt. *Trauma*, 20, 22–29.
Kuitunen-Paul, S., ter Balk, H. & Hahn, B. (2022). Die Praxis als Schutzraum. Ansätze zum Erkennen und Intervenieren bei akuter partnerschaftlicher Gewalt gegen Psychotherapiepatient*innen. *Verhaltenstherapie & Psychosoziale Praxis*, 1, 9–25.
Landschaftsverband Westfalen Lippe (2022). *Kinder und Jugendliche als Mitbetroffene von Gewalt in Paarbeziehungen.* Münster. Zugriff am 25.11.2023 unter: https://www.lwl-landesjugend amt.de/media/filer_public/03/28/03281b91-b030-41e6-8eb1-408e4b90213a/230131-empfeh lung-kinder-gewalt-in-paarbeziehungen-pdf-ua-barrierefrei.pdf
Levine, P. A. (2016). *Trauma und Gedächtnis: Die Spuren unserer Erinnerung in Körper und Gehirn – Wie wir traumatische Erfahrungen verstehen und verarbeiten.* München: Kösel.
Logar, R. (2007). Misshandelte Kinder misshandelter Frauen – vergessen im Vorzimmer des Hilfesystems? – Erfahrungen mit der »Kinderverträglichkeit« des österreichischen Gewaltschutzsystems. In Kavemann, B. & Kreyssig, U. (Hrsg.). *Handbuch Kinder und häusliche Gewalt* (177–192). Wiesbaden: Springer.
Maercker, A. & Augsburger, M. (2019). Die posttraumatische Belastungsstörung. In Maercker, A. (Hrsg.). *Traumafolgestörungen* (15–45). Berlin: Springer.
Maercker, A., Augsburger, M., Böttche, M., Gast, U., Hecker, T., Lotzin, A., Mattheß, H., Sachsse, U., Schäfer, I., Schellong, J. & Woller, W. (2019). Komplexe Posttraumatische Belastungsstörung. In Schäfer, I., Gast, U., Hofmann, A., Knaevelsrud, C., Lampe, A., Libermann, P., Lotzin, A., Maercker, A., Rosner, R. & Wöllner, W. (Hrsg.) (2019). *S3-Leitlinie Posttraumatische Belastungsstörung* (41–48). Berlin: Springer.
Maercker, A., Forstmeier, S., Wagner, B., Glaesmer, H. & Brähler, E. (2008). Posttraumatische Belastungsstörungen in Deutschland Ergebnisse einer gesamtdeutschen epidemiologischen Untersuchung. *Nervenarzt*, 79, 577–586.
Machisa, M. T., Christofides, N. & Jewkes, R. (2018). Social support factors associated with psychological resilience among women survivors of intimate partner violence in Gauteng, South Africa. *Glob Health Action*, 11. Zugriff am 13.11.2023 unter: https://www.ncbi.nlm.nih.gov/pmc/articles/PMC6179050/pdf/zgha-11-1491114.pdf
Marquardt, A. (2023). Keine Selbstverständlichkeit: Beteiligung auf Augenhöhe. *Verhaltenstherapie & Psychosoziale Praxis*, 4, 629–635.
McCloskey, K. & Grigsby, N. (2005). The ubiquitous clinical problem of adult intimate partner violence: The need for routine assessment. *Professional Psychology: Research and Practice*, 36, 264–275.
McEvoy, M. & Ziegler, M. (2006). *Best practices manual for stopping the violence counselling programs in British Columbia.* Zugriff am 19.11.2023 unter: https://endingviolence.org/re sources/best-practices-manual-for-stopping-the-violence-counselling-programs/
Menne, B. & Frommberger, U. (2018). Traumafolgen auf Körper- und Verhaltensebene. In Schellong, J., Epple, F. & Weidner, K. (Hrsg.). *Praxishandbuch Psychotraumatologie* (33–38). Stuttgart: Georg Thieme Verlag.
Meysen, T. & Schönecker, L. (2022). *Häusliche Gewalt und Angebote der Kinder- und Jugendhilfe.* Lerneinheit 4: Intervention & Unterstützung. E-Learning Gewaltschutz. Schutz und Hilfe bei häuslicher Gewalt. Universitätsklinikum Ulm. https://haeuslichegewalt.elearning-ge waltschutz.de/

Morse, D. S., Lafleur, R., Fogarty, C. T., Mittal, M. & Cerulli, C. (2012). »They told me to leave«: How health care providers address intimate partner violence. *Journal of the American Board of Family Medicine, 25,* 333–342.

Myke, E. & Jordan, M. (2010). Häusliche Gewalt. Hintergründe verstehen, Betroffene begleiten und unterstützen. In Färber, H.-P., Seyfarth, T., Blunck, A., Val-Seyfarth, E. & Leibfritz, J. (Hrsg.). *Umgang mit Lebenskrisen. Verstehen – Begleiten – Bewältigen* (171–83). Mössingen: Books on Demand KBF

Najavits, L. M. (2008). *Posttraumatische Belastungsstörung und Substanzmissbrauch: das Therapieprogramm »Sicherheit finden«.* Göttingen: Hogrefe.

National Institute for Health and Care Excellence (NICE) (2018). *Post-traumatic stress disorder (PTSD): the management of PTSD in adults and children in primary and secondary care.* London: National Institute for Clinical Excellence.

Novac, S. (2007). Family violence and homelessness: connections and dynamics. *Research Bulletin, 40.* Zugriff am 25.10.2023 unter: https://www.homelesshub.ca/resource/family-vio lence-and-homelessness-connections-and-dynamics-cucs-research-bulletin-40

Nowotny, E. (2019). *Unterstützung von Mutter und Kind in Berlin: Welche Angebote gibt es?* Workshop während des Fachtags »Gewalt in Paarbeziehungen: Wenn Patientinnen Kinder haben«. S.I.G.N.A.L. e.V. Zugriff am 08.12.2023 unter: https://www.signal-intervention.de/sites/default/files/2020-05/2019_09_04%20Gewalt%20in%20Paarbeziehungen.%20Work shop%204.pdf

Nyberg, E., Stieglitz, R. D., Flury, M. & Riecher-Rössler, A. (2013). Häusliche Gewalt bei Frauen einer Kriseninterventionspopulation – Formen der Gewalt und Risikofaktoren. *Fortschr Neurol Psychiatr, 81,* 331–336.

ODARA (o.D.). ODARA – Autorisierte deutsche Übersetzung. Zugriff am 15.11.2023 unter: https://www.knfp.ch/prognose/odara

O'Doherty, L., Hegarty, K., Ramsay, J., Davidson, L. L., Feder, G. & Taft, A. (2015) Screening women for intimate partner violence in healthcare settings. *Cochrane Database Systematic Review, 7.* Zugriff am 10.11.2023 unter: https://www.ncbi.nlm.nih.gov/pmc/articles/PMC6599831/pdf/CD007007.pdf

Oygen, E. (2022a). *Schutzanordnung und Wohnungszuweisung nach dem Gewaltschutzgesetz.* Lerneinheit 10: Verfahren nach dem Gewaltschutzgesetz. E-Learning Gewaltschutz. Schutz und Hilfe bei häuslicher Gewalt. Universitätsklinikum Ulm. https://haeuslichegewalt.elear ning-gewaltschutz.de/

Oygen, E. (2022b). *Strafbarkeit im Kontext häuslicher Gewalt.* Lerneinheit 11: Strafbarkeit & Strafverfahren. E-Learning Gewaltschutz. Schutz und Hilfe bei häuslicher Gewalt. Universitätsklinikum Ulm. https://haeuslichegewalt.elearning-gewaltschutz.de/

Oygen, E. & Landefeld, K. (2022). *Digitale Gewalt. Erscheinungsformen, rechtliche und praktische Reaktionsmöglichkeiten.* Lerneinheit 22: Gewalt & Kontrolle durch digitale Medien. E-Learning Gewaltschutz. Schutz und Hilfe bei häuslicher Gewalt. Universitätsklinikum Ulm. https://haeuslichegewalt.elearning-gewaltschutz.de/

Ozer, E. J., Best, S. R., Lipsey, T. L. & Weiss, D. S. (2003). Predictors of post-traumatic stress disorder and symptoms in adults: a meta-analysis. *Psychol Bull, 129,* 52–73.

Pausch, M. J. & Matten, S. J. (2018). Trauma und Posttraumatische Belastungsstörung (PTBS) – Definition, Einteilung, Epidemiologie und Geschichte. In Pausch, M. J. & Matten, S. J. (Hrsg.). *Trauma und Traumafolgestörung* (4–12). Berlin: Springer.

Peichl, J. (2008). *Destruktive Paarbeziehung. Das Trauma intimer Gewalt.* Stuttgart: Klett-Cotta.

Pemberton, J. V. & Loeb, T. B. (2020). Impact of sexual and interpersonal violence and trauma on women: trauma-informed practice and feminist theory. *Journal of Feminist Family Therapy.* https://doi.org/10.1080/08952833.2020.1793564

Phoenix Australia – Centre for Posttraumatic Mental Health (2021). *Australian guidelines for the treatment of acute stress disorder and posttraumatic stress disorder and complex PTSD.* Melbourne: Phoenix Australia.

Priebe, S., Nowak, M. & Schmiedebach, H. P. (2002). Trauma und Psyche in der deutschen Psychiatrie seit 1889. *Psychiatrische Praxis, 29,* 3–9.

Prochaska, J. O. & DiClemente, C. C. (1982). Transtheoretical therapy: Toward a more integrated model of change. *Psychotherapy: Theory, Research and Practice, 19,* 276–288.

Prochaska, J. O. & DiClemente, C. C. (1983). Stages of processes of self-change of smoking: Toward an integrative model of change. *Journal of Consulting and Clinical Psychology, 51,* 390–395.

Quinten, J. (2022). *Spezifischer Unterstützungsbedarf von Jugendlichen, die häusliche Gewalt zwischen ihren Eltern erleben.* Lerneinheit 14: Unterstützung von Gewaltbetroffenen – Kinder und Jugendlichen. E-Learning Gewaltschutz. Schutz und Hilfe bei häuslicher Gewalt. Universitätsklinikum Ulm. https://haeuslichegewalt.elearning-gewaltschutz.de/

Rapp, U. (2022). *Unterstützung bei der Integration in den Arbeitsmarkt nach häuslicher Gewalt.* Lerneinheit 13: Unterstützung von Gewaltbetroffenen – Frauen. E-Learning Gewaltschutz. Schutz und Hilfe bei häuslicher Gewalt. Universitätsklinikum Ulm. https://haeuslichegewalt.elearning-gewaltschutz.de/

Reddemann, L. (2004). *Psychodynamisch Imaginative Traumatherapie. PITT – das Manual.* Stuttgart: Klett-Cotta.

Reddemann, L. & Dehner-Rau, C. (2012). *Trauma heilen. Ein Übungsbuch für Körper und Seele.* Stuttgart: TRIAS.

Reddemann, O., Schellong, J., Lueger-Schuster, B., Köllner, V., Frommberger, U. & Liebermann, P. (2019). Versorgungskonzepte und Versorgungsrealität bei Menschen mit PTBS. In Schäfer, I., Gast, U., Hofmann, A., Knaevelsrud, C., Lampe, A., Libermann, P., Lotzin, A., Maercker, A., Rosner, R. & Wöllner, W. (Hrsg.) (2019). *S3-Leitlinie Posttraumatische Belastungsstörung (83–102).* Berlin: Springer.

Reddemann, L. & Wöller, W. (2017). *Komplexe Posttraumatische Belastungsstörung (Praxis der psychodynamischen Psychotherapie – analytische und tiefenpsychologisch fundierte Psychotherapie).* Göttingen: Hogrefe.

Resick, P. A., Galovski, T. E., Uhlmansiek, M. O., Scher, C. D., Clum, G. A. & Young-Xu, Y. (2008). A randomized clinical trial to dismantle components of cognitive processing therapy for posttraumatic stress disorder in female victims of interpersonal violence. *Journal of Consulting and Clinical Psychology, 76,* 243–258.

Rickert, V. I., Sanghvi, R. & Wiemann, C. M. (2002). Is lack of sexual assertiveness among adolescent and young adult women a cause for concern? *Perspect Sex Reprod Health, 4,* 178–183.

Rießbeck, H. & Rießbeck, K. (2018). Trauma und Behinderung. In Schellong, J., Epple, F. & Weidner, K. (Hrsg.). *Praxisbuch Psychotraumatologie* (S. 224–230). Stuttgart: Thieme.

Rivera, E. A., Phillips, H., Warshaw, C., Lyon, E., Bland, P. J. & Kaewken, O. (2015). *An applied research paper on the relationship between intimate partner violence and substance use.* Chicago, IL: National Center on Domestic Violence, Trauma & Mental Health.

Robert-Koch-Institut (2008). *Gesundheitliche Folgen von Gewalt unter besonderer Berücksichtigung von häuslicher Gewalt gegen Frauen.* Gesundheitsberichterstattung des Bundes, 42. Zugriff am 10.11.2023 unter: https://www.rki.de/DE/Content/Gesundheitsmonitoring/Gesundheitsberichterstattung/GBEDownloadsT/gewalt.pdf?__blob=publicationFile

Roddy, J. K. (2013) Client perspectives: the therapeutic challenge of domestic violence counselling – a pilot study. *Counselling and Psychotherapy Research: Linking research with practice, 13,* 53–60.

Rossilhol, J. (2002). *Sexuelle Gewalt gegen Jungen. Dunkelfelder.* Marburg: Tectum.

Runder Tisch Berlin – Gesundheitsversorgung bei häuslicher und sexualisierter Gewalt (RTB) (2022). *Diskussionspapier: (Routine-)Datenerhebung in der Berliner Gesundheitsversorgung zu häuslicher und sexualisierter Gewalt.* Zugriff am 24.10.2023 unter: https://rtb-gesundheit.de/sites/default/files/2023-03/RTB%20Diskussionspapier%20Web.pdf

Runder Tisch Berlin – Gesundheitsversorgung bei häuslicher und sexualisierter Gewalt (RTB) (2023). Gesundheitsversorgung bei häuslicher Gewalt. Empfehlungen zur Versorgung Betroffener mit Kind(ern). Zugriff am 25.12.2023 unter: https://rtb-gesundheit.de/sites/default/files/2023-04/2023_02_20_Abl%C3%A4ufe_Begleitunterlagen_Entwurf_Empfehlung MuKi.docx.pdf

Russel, D. (1986). *The secret trauma. Incest in the lives of girls and women.* New York: Basic Books.

Sacco, S. (2017). *Häusliche Gewalt Kostenstudie für Deutschland, Gewalt gegen Frauen in (ehemaligen) Partnerschaften.* Cottbus: tredition GbmH.

Schäfer, I., Gast, U., Hofmann, A., Knaevelsrud, C., Lampe, A., Libermann, P., Lotzin, A., Maercker, A., Rosner, R. & Wöllner, W. (Hrsg.) (2019a). *S3-Leitlinie Posttraumatische Belastungsstörung*. Berlin: Springer.
Schäfer, I., Frommberger, U., Gast, U., Kruse, J., Lampe, A., Lotzin, A. & Reddemann, O. (2019b). Komorbide psychische Störungen. In Schäfer, I., Gast, U., Hofmann, A., Knaevelsrud, C., Lampe, A., Libermann, P., Lotzin, A., Maercker, A., Rosner, R. & Wöllner, W. (Hrsg.) (2019). *S3-Leitlinie Posttraumatische Belastungsstörung (48–57)*. Berlin: Springer.
Schauer, M., Elbert, T. & Neuner, F. (2011). *Narrative exposure therapy: a short-term treatment for traumatic stress disorders*, 2nd revised and expanded edition. Cambridge: Hogrefe.
Schellong, J. (2013). Diagnostische Klassifikation von Traumafolgestörungen. In Sack, M. Sachsse, U. & Schellong, J. (Hrsg.), *Komplexe Traumafolgestörungen. Diagnostik und Behandlung von Folgen schwerer Gewalt und Vernachlässigung (42–58)*. Stuttgart: Schattauer.
Schellong, J., Epple, F. & Weidner, K. (Hrsg.) (2018). *Praxishandbuch Psychotraumatologie*. Stuttgart: Thieme.
Schellong, J., Frommberger, U., Liebermann, P., Bering, R. & Schäfer, I. (2019). Pharmakotherapeutische Behandlung. In Schäfer, I., Gast, U., Hofmann, A., Knaevelsrud, C., Lampe, A., Libermann, P., Lotzin, A., Maercker, A., Rosner, R. & Wöllner, W. (Hrsg.) (2019). *S3-Leitlinie Posttraumatische Belastungsstörung (29–35)*. Berlin: Springer.
Schellong, J., Schützwohl, M., Lorenz, P. & Trautmann, S. (2019). Diagnostik und Differentialdiagnostik. In Maercker, A. (Hrsg.). *Traumafolgestörungen (129–156)*. Berlin: Springer.
Schemmel, J. & Volbert, R. (2021). Therapie oder Glaubhaftigkeit? Psychotherapeutische Behandlung bei laufenden Strafverfahren. *Reportpsychologie, 46*, 14–24.
Schigl, B. (2021a). Doing Gender im therapeutischen Prozess – eine Grundlage für Genderkompetenz in der Psychotherapie. *Psychotherapeutenjournal, 2*, 120–125.
Schigl, B. (2021b). *Doing Gender im therapeutischen Prozess – Genderkompetenz in der Praxis (Teil 2). Psychotherapeutenjournal, 4*, 323–239.
Schilling, C. (2018). Andere Traumafolgestörungen und Komorbiditäten: Somatoforme Störungen. In Schellong, J., Epple, F. & Weidner, K. (Hrsg.). *Praxishandbuch Psychotraumatologie (98–103)*. Stuttgart: Georg Thieme Verlag.
Schmiedebach, H.-P. (2019). Zur Geschichte der Psychotraumatologie. In Maercker, A. (Hrsg.). *Traumafolgestörungen (4–12)*. Berlin: Springer.
Schmucker, M. & Köster, R. (2014). *Praxishandbuch IRRT: Imagery Rescripting and Reprocessing Therapy bei Traumafolgestörungen, Angst, Depression und Trauer*. Stuttgart: Klett Cotta.
Scholz-Hehn, D. & Schäfer, I. (2018). Andere Traumafolgestörungen und Komorbiditäten: Sucht. In Schellong, J., Epple, F. & Weidner, K. (Hrsg.). *Praxishandbuch Psychotraumatologie (103–107)*. Stuttgart: Georg Thieme Verlag.
Schroeder, K. & Schäfer, I. (2018). Andere Traumafolgestörungen und Komorbiditäten: Psychose. In Schellong, J., Epple, F. & Weidner, K. (Hrsg.). *Praxishandbuch Psychotraumatologie (107–111)*. Stuttgart: Georg Thieme Verlag.
Schröttle, M. (2008). *Gewalt gegen Frauen in Paarbeziehungen. Eine sekundäranalytische Auswertung zur Differenzierung von Schweregraden, Mustern, Risikofaktoren und Unterstützung nach erlebter Gewalt.* Zugriff am 21.09.2024 unter: https://www.bmfsfj.de/resource/blob/93968/f832e76ee67a623b4d0cdfd3ea952897/gewalt-paarbeziehung-langfassung-data.pdf
Schröttle, M. (2010). Kritische Anmerkungen zur These der Gendersymmetrie bei Gewalt in Paarbeziehungen. *GENDER – Zeitschrift für Geschlecht, Kultur und Gesellschaft, 2*, 133–151.
Schröttle, M. & Glade, N. (2020). Gesundheitliche Folgen von Gewalt. In RKI/BMG (Hrsg.). *Gesundheitliche Lage der Frauen in Deutschland (307–321)*. Zugriff am 25.10.2023 unter https://www.rki.de/DE/Content/Gesundheitsmonitoring/Gesundheitsberichterstattung/GBEDownloadsB/Gesundheitliche_Lage_der_Frauen_2020.pdf?__blob=publicationFile
Schröttle, M. & Müller, U. (2004). *Lebenssituation, Sicherheit und Gesundheit von Frauen in Deutschland. Eine repräsentative Untersuchung zu Gewalt gegen Frauen in Deutschland.* Im Auftrag des Bundesministeriums für Familie, Senioren, Frauen und Jugend. Zugriff am 24.10.2023 unter: https://www.bmfsfj.de/bmfsfj/studie-lebenssituation-sicherheit-und-gesundheit-von-frauen-in-deutschland-80694
Schröttle, M., Hornberg, C., Glammeier, S., Sellach, B., Kavemann, B., Puhe, H. & Zinsmeister, J. (2012). Lebenssituation und Belastungen von Frauen mit Beeinträchtigungen und Be-

hinderungen in Deutschland. Zugriff am 24.10.2023 unter: https://www.bmfsfj.de/resour ce/blob/94204/3bf4ebb02f108a31d5906d75dd9af8cf/lebenssituation-und-belastungen-von-frauen-mit-behinderungen-kurzfassung-data.pdf

Schwarz, S. (2015). Psychotherapeutische Herausforderungen im Kontext von häuslicher Gewalt. *Psychosozial 140*, 87–99.

Schwarz, S. (2020). Psychische Gesundheit gewaltbetroffener Frauen: Ansätze zur besseren Versorgung. In Büttner, M. (Hrsg.). *Handbuch Häusliche Gewalt.* (233–244). Stuttgart: Schattauer.

Schwarz, S. (2022a). Die gesundheitlichen Auswirkungen von häuslicher Gewalt für Frauen. *Trauma, 20,* 4–12.

Schwarz, S. (2022b). Gewalt in heterosexuellen Beziehungen – Theoretische Verortungen und Defizite in der psychotherapeutischen Versorgung. *VPP, 54,* 83–95.

Seith, C. & Kavemann, B. (2007). *»Es ist ganz wichtig, die Kinder da nicht alleine zu lassen«. Unterstützungsangebote für Kinder als Zeugen und Opfer häuslicher Gewalt. Evaluationsstudie des Aktionsprogramms Kinder als Zeugen und Opfer häuslicher Gewalt der LANDESSTIFTUNG Baden-Württemberg 2004–2006.* Zugriff am 27.01.2024 unter: https://www.bwstiftung.de/fi leadmin/bw-stiftung/Publikationen/Gesellschaft_und_Kultur/G_K_Unterstuetzungsange bot_Haeusliche_Gewalt_AP_Nr._3.pdf

Shah, R., von Mach, T., Fedina, L., Link, B. & DeVydler, J. (2018). Intimate partner violence and psychotic experiences in four U.S. cities. *Schizophrenia Research, 195,* 506–512.

Shapiro, F. (2018). *Eye movement desensitization and reprocessing (EMDR) therapy: basic principles, protocols, and procedures,* 3. Aufl. The Guilford Press: New York.

Snider, C. (2017). Validation and adaptation of the Danger Assessment-5 (DA-5): A brief intimate partner violence risk assessment. *Journal of Advanced Nursing, 73,* 3220–3230.

Snyder, B. L. (2018). Women with dissociative identity disorder who experience intimate partner violence. *Journal of Psychosocial Nursing and Mental Health Services,* 56, https://doi.org/10.3928/02793695-20180212-06

Söchting, P. (2022). *Das bundesweite Hilfetelefon »Gewalt gegen Frauen«.* Lerneinheit 4: Intervention & Unterstützung. E-Learning Gewaltschutz. Schutz und Hilfe bei häuslicher Gewalt. Universitätsklinikum Ulm. https://haeuslichegewalt.elearning-gewaltschutz.de/

Sonnenmoser, M. (2002). Geschlechtsspezifische Unterschiede. Vernachlässigte Gender-Perspektive. *Ärzteblatt, 7,* 317.

Sonnenmoser, M. (2007). Psychotherapie und geschlechtsspezifische Aspekte: Theoretisches Desinteresse. *Ärzteblatt, 5,* 232–233.

Spiegel (27.11.2023). *47-Jähriger soll Ehefrau getötet und Tochter verletzt haben.* Zugriff am 27.11.2023 unter: https://www.spiegel.de/panorama/justiz/dortmund-47-jaehriger-soll-ehefrau-ge toetet-und-tochter-verletzt-haben-a-a7a15c3e-236b-494d-9c7d-83d1e806c5fd?sara_ref=re-so-app-sh

Spiegel (18.12.2023). *Femizid in Aachen. Mann erstach Ehefrau und dreifache Mutter vor Baumarkt – lebenslange Haft.* Zugriff am 19.12.2023 unter https://www.spiegel.de/panorama/justiz/aa chen-mann-erstach-ehefrau-und-dreifache-mutter-vor-baumarkt-lebenslange-haft-a-997a27 ea-6b50-45fa-b993-c150de4f8de8?sara_ref=re-so-app-sh

Stadler, L., Bieneck, S. & Pfeiffer, C. (2012). *Repräsentativbefragung Sexueller Missbrauch 2011.* Kriminologisches Forschungsinstitut Niedersachsen e.V. (KFN). Zugriff am 24.11.2024 unter: https://kfn.de/wp-content/uploads/Forschungsberichte/FB_118.pdf

Stahl, S. (2011). *Jein! Bindungsängste erkennen und bewältigen. Hilfe für Betroffene und ihre Partner.* Hamburg: Ellert & Richter Verlag.

Stang, K. & Sachsse, U. (2018). *Trauma und Justiz: Juristische Grundlagen für Psychotherapeuten – Psychotherapeutische Grundlagen für Juristen.* Stuttgart: Schattauer.

Steffanowski, A., Oppl, M., Meyerberg J., Schmid J., Wittmann W. & Nübling, R. (2001). Psychometrische Überprüfung einer deutschsprachigen Version des Relationship Scale Questionaire (RSQ). In Bassler, M. (Hrsg.). *Störungsspezifische Ansätze in der stationären Psychotherapie* (320–342). Gießen: Psychosozial Verlag.

Stith, S. M., Smith, D. B., Penn, C. E., Ward, D. B. & Tritt, D. (2004). Intimate partner physical abuse perpetration and victimization risk factors: a meta-analytic review. *Aggression and violent behavoir, 10,* 65–98.

Stover, C. S., Meadows, A. L. & Kaufmann, J. (2009). Interventions for intimate partner violence: review and implications for evidence-based practice. *Professional Psychology: Research and Practice, 40*, 223–233.

Strasser, P. (2013). »In meinem Bauch zitterte alles.« Traumatisierung von Kindern durch Gewalt gegen die Mutter. In Kavemann, B. & Kreyssig, U. (Hrsg.). *Handbuch Kinder und häusliche Gewalt* (47–59). Wiesbaden: Springer.

Thie, J. (2022). Schutz und Beratung für gewaltbetroffene Frauen und deren Kinder – Struktur, Zugang und Hürden. *Trauma, 1*, 40–49.

Torenz, R. (2022). *Gewalt macht krank – Gesundheitliche Folgen häuslicher und sexualisierter Gewalt.* Lerneinheit 3: Folgen häuslicher Gewalt. E-Learning Gewaltschutz. Schutz und Hilfe bei häuslicher Gewalt. Universitätsklinikum Ulm. https://haeuslichegewalt.elearning-gewaltschutz.de/

Trautmann, S. (2018). Andere Traumafolgestörungen und Komorbiditäten: Angststörungen. In Schellong, J., Epple, F. & Weidner, K. (Hrsg.). *Praxishandbuch Psychotraumatologie* (93–97). Stuttgart: Georg Thieme Verlag.

Uebel, J. (2022). Traumafolgestörungen und ihre Auswirkungen auf die Arbeitsfähigkeit und Wiedereingliederung. *Praxis, 111*, 905–909.

UN Women (2023). *Orange the World 2023. Gewalt gegen Frauen geht uns alle an! #16Days vom 25.11. bis 10.12.* Zugriff am 26.11.2023 unter: https://unwomen.de/orange-the-world-2023/

VA, DoD (2023). *VA/DoD clinical practice guideline for the management of posttraumatic stress disorder and acute stress disorder.* Washington, D. C.: Department of Veterans Affairs.

van der Put, C. E., Gubbels, J. & Assink, M. (2019). Predicting domestic violence: a meta-analysis on the predictive validity of risk assessment tools. *Aggression and Violent Behaviour, 47*, 100–116.

Verein Autonome Österreichische Frauenhäuser (2023). *Statistik der Österreichischen Autonomen Frauenhäuser 2022.* Zugriff am 26.11.2023 unter: https://www.aoef.at/images/04a_zahlen-und-daten/AoeF-Statistik_2022.pdf

Vogel, A., Steil, R., Comtesse, H., Eilers, R., Renneberg, B. & Rosner, R. (2021) Routineversorgung für Jugendliche mit Posttraumatischer Belastungsstörung nach Missbrauchserfahrungen in Deutschland. *Kindh Entwickl, 30*, 183–191.

Voß-Büter, M. (2002). Ermittlung geschlechtsspezifischer Behandlungsbedürfnisse von Patientinnen und Patienten in der stationären Psychiatrie. *Verhaltenstherapie & Psychosoziale Praxis, 34:* 541–550.

Walker, L. E. (1979). *The battered woman.* New York: Harper & Row.

Warshaw, C., Sullivan, C. M. & Rivera, E. A. (2013). A systematic review of trauma-focused interventions for domestic violence survivors. Zugriff am 18.12.2023 unter: https://ncdvtmh.org/wp-content/uploads/2022/10/NCDVTMH_EBPLitReview2013.pdf

Watanabe, M. (2020). *Feminist therapy with severe mental illness and complex trauma: a case example.* Graduate School of Professional Psychology: Doctoral Papers and Masters Projects, 341. Zugriff am 29.11.2023 unter: https://digitalcommons.du.edu/cgi/viewcontent.cgi?article=1341&context=capstone_masters

WAVE. (2012). *PROTECT II. Stärkung der Handlungskompetenz bei Gefährdungseinschätzung und Sicherheitsmanagement zum Schutz hochgefährdeter Gewaltbetroffener.* Schulungsmaterial. Zugriff am 13.12.2023 unter: http://fileserver.wave-network.org/trainingmanuals/PROTECT II_Risk_Assessment_and_Safety_2012_German.pdf

Wells, A. & Sembi, S. (2004). Metacognitive therapy for PTSD: a core treatment manual. *Cognitive and Behavioral Practice, 11*, 365–377.

Weltgesundheitsorganisation (WHO) (2013a). *Guidelines for the management of conditions specifically related to stress.* Geneva: WHO.

Weltgesundheitsorganisation (WHO) (2013b). *Global and regional estimates of violence against women: prevalence and health effects of intimate partner violence and nonpartner sexual violence.* Zugriff am 13.12.2023 unter: https://iris.who.int/bitstream/handle/10665/85239/9789241564625_eng.pdf?sequence=1

Weltgesundheitsorganisation (WHO) (2022a). *Gesundheitliche Versorgung von Frauen, die Gewalt in der Paarbeziehung oder sexuelle Gewalt erfahren. Klinisches Handbuch der WHO.* Berlin: S.I.G.N.A.L. e.V.

Weltgesundheitsorganisation (WHO) (2022b). *Umgang mit Gewalt in Paarbeziehungen und mit sexueller Gewalt gegen Frauen. Leitlinien der WHO für die Gesundheitsversorgung und Gesundheitspolitik.* Berlin: S.I.G.N.A.L. e.V.

Weidner, K. & Junge-Hoffmeister, J. (2018). Traumatisierte Frauen im Kontext von Schwangerschaft und Geburt. In Schellong, J., Epple, F. & Weidner, K. (Hrsg.). *Praxisbuch Psychotraumatologie* (152–159). Stuttgart: Thieme.

Wenk-Ansohn, M., Stammel, N. & Böttche, M. (2019). Folteropfer und traumatisierte Geflüchtete. In Maercker, A. (Hrsg.). *Traumafolgestörungen* (481–509). Berlin: Springer.

Westphal, Alice (o. D.). *Hallo, ich bin Alice.* Zugriff am 13.12.2023 unter: https://alice-westphal.de/ueber-mich/

White, S. J., Sin, J., Sweeney A., Salisbury, T., Wahlich, C., Guevara, C. M. M., Gillard, S., Brett, E., Allwright, L, Iqbal, N., Khan, A., Perot, C., Marks, J. & Mantovani, N. (2023). Global prevalence and mental health outcomes of intimate partner violence among women: a systematic review and meta-analysis. *Trauma Violence & Abuse, 25,* https://doi.org/10.1177/15248380231155529

Wiegand- Grefe, S., Sell, M., Filter, B. & Plass-Christel, A. (2019). Family functioning and psychological health of children with mentally ill parents. *Int J Environ Res Public Health, 16,* https://doi.org/10.3390/ijerph16071278

Wildvang, W. (2022). *Hochgefährdung und Tötungsdelikte bei häuslicher Gewal*t. Lerneinheit 2: Gewaltverhältnisse & Gewaltdynamiken. E-Learning Gewaltschutz. Schutz und Hilfe bei häuslicher Gewalt. Universitätsklinikum Ulm. https://haeuslichegewalt.elearning-gewaltschutz.de/

Wirtz, G. & Gast, U. (2018). Andere Traumafolgestörungen und Komorbiditäten: Dissoziation. In Schellong, J., Epple, F. & Weidner, K. (Hrsg.). *Praxishandbuch Psychotraumatologie* (111–115). Stuttgart: Georg Thieme Verlag.

Women's Aid (Hrsg.) (2014). *Virtual world, real fear. Women's Aid report into online abuse, harassment and stalking.* Zugriff am 25.01.2024 unter: https://www.womensaid.org.uk/wp-content/uploads/2015/11/Women_s_Aid_Virtual_World_Real_Fear_Feb_2014-3.pdf

Zaumseil, M. & Schwarz, S. (2014). Understandings of coping: a critical review of coping theories for disaster contexts. In Zaumseil, M., Schwarz, S., von Vacano, M., Sullivan, G. & Prawitasari-Hadiyono, J. (Hrsg.). *Cultural psychology of coping with disasters* (45–83). New York: Springer.

Zehetner, B. (2015). Feministische Psychotherapie: Politik statt Pathologisierung. Zur gesellschaftlichen Verantwortung von Psychotherapeut_innen. *Psychosozial, 38,* 11–23.

Zehetner, B. (2018). Woran erkenne ich feministische Therapie? *Psychologie & Gesellschaftskritik, 42,* 103–123.

Ziegenhain, U., Kindler, H. & Meysen, T. (2022). *Häusliche Gewalt und Kindeswohlgefährdung nach § 1666 BGB.* Lerneinheit 17: Kindeswohlgefährdung. E-Learning Gewaltschutz. Schutz und Hilfe bei häuslicher Gewalt. Universitätsklinikum Ulm. https://haeuslichegewalt.elearning-gewaltschutz.de/

Zillig, U. (2016). *Komplex traumatisierte Mütter. Biografische Verläufe im Spannungsfeld von Traumatherapie, Psychiatrie und Jugendhilfe.* Opladen: Verlag Barbara Budrich.

Zimmermann, D. (2013). Beratung von Müttern, die Opfer häuslicher Gewalt wurden, im Kontext einer mädchenspezifischen Krisenintervention. In Kavemann, B. & Kreyssig, U. (Hrsg.). *Handbuch Kinder und häusliche Gewalt* (426–441). Wiesbaden: Springer.

Anhang

Die nachfolgenden Listen sind kein vollständiger Überblick über alle Anlaufstellen, bieten aber einen ersten Überblick. Sie sind eine Auswahl der aus Autorinnensicht wichtigsten überregionalen Stellen. Darüber hinaus gibt es eine Reihe ausgezeichneter regionaler Angebote und solche für spezifische Problemstellungen und Zielgruppen. Die letzte Abfrage der Internet-Adressen erfolgte am 25.12.2023.

Angebote für gewaltbetroffene Frauen

- Der europäische Dachverband Women against Violence in Europe listet Frauenhäuser und Hilfe-Hotlines in 46 europäischen Ländern: https://wave-network.org/find-help/
- Das Bundesweite Hilfetelefon Gewalt gegen Frauen (https://www.hilfetelefon.de/) führt eine umfangreiche Datenbank mit Adressen der Interventionsstellen und anderen Hilfeeinrichtungen in den einzelnen Bundesländern.
116 016 – die Telefonnummer ist kostenfrei, eine Beratung kann in verschiedenen Sprachen erfolgen und es gibt die Möglichkeit zur Chat-Beratung. Das Angebot ist auch für gewaltbetroffene Männer geöffnet.
- Informationen zu Frauenhäusern finden sich über die Seite der Frauenhauskoordinierung (https://www.frauenhauskoordinierung.de/) oder der Zentralen Informationsstelle autonomer Frauenhäuser (https://autonome-frauenhaeuser-zif.de/)
- Unter www.frauenhaus-suche.de kann tagesaktuell die Aufnahmekapazität vieler Frauenhäuser und Schutzwohnungen bundesweit öffentlich eingesehen werden. Es kann gezielt nach Kriterien wie Barrierefreiheit oder auch der Mitnahmemöglichkeit hinsichtlich der Anzahl der Kinder gesucht werden. Die Seite ist ins Englische und in Leichte Sprache übersetzt, weitere Sprachen folgen.
- Fachberatungsstellen finden sich über den Bundesverband Frauenberatungsstellen und Frauennotrufe – Frauen gegen Gewalt (bff): https://www.frauen-gegen-gewalt.de/de/aktuelles.html
- Die Berliner Initiative gegen Gewalt (BIG) gibt einen Überblick über die Landeskoordinierungsstellen unter: https://www.big-berlin.info/page/landeskoordinierungsstellen-deutschland

- Spezialisierte Beratungsstellen gegen sexualisierte Gewalt finden sich unter https://www.hilfe-portal-missbrauch.de/startseite.html
In dieser Datenbank sind Hilfeangebote wie Beratungsstellen und Notdienste gelistet, die zu dem Thema sexualisierte Gewalt arbeiten. Man kann über eine Orts- oder Postleitzahlensuche eine Beratungsstelle finden.
- Der Fonds Sexueller Missbrauch (https://www.fonds-missbrauch.de/) bietet finanzielle Unterstützung bei sexuellem Missbrauch in der Kindheit oder Jugend.
- Eine nationale Infohotline, Netzwerk und Anlaufstelle zu sexueller Gewalt an Kindern und Jugendlichen ist N.I.N.A. e. V. unter https://nina-info.de/
- Das Hilfetelefon berta (Tel: 0800 30 50 750) bietet Beratung bei organisierter sexualisierter Gewalt für Betroffene, Helfende und Fachkräfte. Di: 16–19 Uhr, Mi/Fr: 9–12 Uhr
- Es gibt ein Opfer-Telefon über den WEISSEN RING (https://weisser-ring.de/) unter der Telefonnummer: 116 006 (täglich 7–22 Uhr) sowie eine Onlineberatung
- Die Beratungsstellen der Opferhilfe e. V. bieten bundesweit Beratung zur rechtlichen Situation, den psychischen Folgen und über die Möglichkeiten einer psychosozialen Prozessbegleitung nach einer Straftat: https://www.beratungsstellen-opferhilfen.de/beratungsstellen/
- Auf folgender Internetseite finden sich Informationen dazu, wie man psychosoziale Prozessbegleiter*innen im jeweiligen Bundesland findet: https://www.bmj.de/DE/themen/praevention_opferhilfe/opferschutz_strafverfahren/psychosoziale_prozessbegleitung/psychosoziale_prozessbegleitung_node.html
- Die Online-Datenbank für Betroffene von Straftaten unter https://www.odabs.org/ bietet eine Suchmöglichkeit für Beratungs- und Unterstützungsmöglichkeiten nach Alter, Geschlecht und nach Art der Gewalt. Auch Angebote der vertraulichen Spurensicherung und der psychosozialen Prozessbegleitung sind enthalten.
- Es gibt eine Fachstellensuche zum Täter-Opfer-Ausgleich unter: https://www.toa-servicebuero.de/service/fachstellen/konfliktschlichter
Der Täter-Opfer-Ausgleich ist ein Angebot an die Betroffenen und Verantwortlichen von Straftaten, den durch die Tat entstandenen Konflikt zu klären. Dies ist auch mithilfe von allparteilichen Vermittler*innen möglich.
- Der Fachverband für Soziale Arbeit, Strafrecht und Kriminalpolitik listet unter https://www.dbh-online.de/informationen-materialien/adresslisten-der-justiznahen-einrichtungen bundesweit Adressen von Einrichtungen des sozialen Dienstes und der Justiz.
- Das Projekt HilfT (https://projekt-hilft.de/) bietet einen Überblick über Traumaambulanzen in Deutschland. Auf einer deutschlandweiten Karte können Einrichtungen für Erwachsene und für Kinder und Jugendliche und jeweilige Ansprechpersonen angeklickt werden.
- Die Deutschsprachige Gesellschaft für Psychotraumatologie bietet eine Suchmaske mit verschiedenen Kriterien für Traumatherapeut*innen unter: https://www.degpt.de/hilfe-fuer-betroffene/therapeut-innen-in-ihrer-naehe-finden/
- EMDRIA Deutschland e. V. bietet eine Suchmaske nach PLZ unter https://www.emdria.de/therapeutinnen für Therapeut*innen, die nach der Eye Movement Desensitization Reprocessing-Methode arbeiten.

- Die Website der Deutschen Gesellschaft für Suizidprävention bietet eine Übersicht über die regionalen Krisendienste https://www.suizidprophylaxe.de/
- Die Telefonseelsorge ist deutschlandweit 24 h/Tag erreichbar für eine niedrigschwellige Krisenintervention, per Telefon: 0800 1110111, vor Ort oder Online: https://www.telefonseelsorge.de/
- Die Bundesweite Arbeitsgemeinschaft der psychosozialen Zentren für Flüchtlinge und Folteropfer bietet einen Überblick zu den Einrichtungen für medizinische, psychotherapeutische und psychosoziale Unterstützung von geflüchteten Personen und Folteropfern: https://www.baff-zentren.org/hilfe-vor-ort/
- In der Nationalen Kontakt- und Informationsstelle zur Anregung und Unterstützung von Selbsthilfegruppen (www.nakos.de) sind die unterschiedlichsten Angebote sowie die lokalen Kontaktstellen verzeichnet.
- Der Bundesverband der Frauengesundheitszentren e.V. bietet eine Übersicht über die regionalen Beratungsstellen unter https://www.frauengesundheitszentren.de/BV_pub/beratungsthemen/frauengesundheitszentren-in-deutschland/.
Sie bieten unabhängige Beratung, Unterstützung in schwierigen Lebenssituationen, Anregungen zur Selbsthilfe und Gesundheitsförderung sowie qualitätsgesicherte und kritische Informationen zu Frauengesundheit.
- Das Hilfetelefon »Schwangere in Not« unter der 0800 40 40 020 ist 24 Stunden erreichbar, anonym und kostenlos.
- Das Elterntelefon unter der 0800 1110 550 ist wie folgt erreichbar: Mo–Fr: 9–17 Uhr, Di und Do: 9–19 Uhr.
- Der Online-Beratungsführer der Deutschen Arbeitsgemeinschaft für Jugend- und Eheberatung e.V. unter https://www.dajeb.de/beratungsfuehrer-online/beratung-in-ihrer-naehe bietet bundesweit einen aktuellen Überblick. Nach Postleitzahl oder Wohnort können nach verschiedenen Themen sortiert Beratungsstellen gesucht werden
- Die Homepage https://www.was-geht-zu-weit.de/projekt wendet sich an junge Menschen und informiert rund um das Thema Dating, Liebe, Respekt und Grenzen und liefert dazu konkrete Tipps.

Fachgesellschaften und AWMF-Leitlinien

- Deutschsprachige Gesellschaft für Psychotraumatologie (DeGPT): https://www.degpt.de/startseite/
- EMDRIA Deutschland e.V.: https://www.emdria.de/
- Deutsche Gesellschaft für Trauma und Dissoziation (DGTD): https://www.dgtd.de/verein
- Deutsche Gesellschaft für Psychiatrie und Psychotherapie, Psychosomatik und Nervenheilkunde (DGPPN): https://www.dgppn.de/
- International Society for Traumatic Stress Studies (ISTSS): https://istss.org/home
- European Society for Traumatic Stress Studies (ESTSS): https://estss.org/

- Übersicht über relevante AWMF-Leitlinien unter: https://www.degpt.de/fach-informationen/leitlinien/

Angebote für mitbetroffene Kinder

- Die Nummer gegen Kummer bzw. das Kinder- und Jugendtelefon unter der 116 111 bietet telefonische Beratung, Mo–Sa: 14–20 Uhr. Anonym und kostenlos in ganz Deutschland
- Die Medizinische Kinderschutzhotline (https://kinderschutzhotline.de/) unter der 0800 19 210 00 bietet telefonische Beratung 24 Stunden an 365 Tagen. Das Beratungsangebot ist für Angehörige der Heilberufe, Kinder- und Jugendhilfe und Familiengerichte bei Verdachtsfällen von Kindesmisshandlung, Vernachlässigung und sexuellem Kindesmissbrauch
- Das Hilfe-Telefon Sexueller Missbrauch ist unter der 0800 22 55 530 erreichbar zu folgenden Zeiten: Mo, Mi, Fr: 9–14 Uhr und Di, Do: 15–20 Uhr
Das Hilfe-Telefon berät anonym, kostenfrei und mehrsprachig. Es ist nicht besetzt an bundesweiten Feiertagen und am 24. und 31. Dezember
- Das kostenlose bundesweite Nottelefon Sucht und Wendepunkt e.V. ist erreichbar unter der 0800 2802801 und wendet sich an Kinder, die mit alkoholkranken Eltern zusammenleben. Es ist wie folgt erreichbar: Mo–Fr: 17–23 Uhr, Sa, So: 0–24 Uhr
- Eine Übersicht über regionale Kinderschutzzentren, die Beratung bei Gewalt gegen Kinder anbieten, findet sich hier: https://www.kinderschutz-zentren.org/kinderschutz-zentren/
- Auf der Homepage der Bundeskonferenz für Erziehungsberatung (bke), dem Fachverband für Erziehungs-, Familien- und Jugendberatung unter https://www.bke.de/ ist eine Übersicht über Erziehungs- und Familienberatungsstellen und es gibt eine Online-Beratung für Jugendliche und für Eltern
- Wildwasser e.V. bietet bundesweit Beratung zu sexualisierter Gewalt gegen Mädchen und junge Frauen an. Eine Übersicht über die regionalen Beratungsstellen findet sich unter: https://www.wildwasser.de/info-und-hilfe/beratungsstellen-vor-ort/
- Frühe Hilfen sind Angebote für Eltern ab der Schwangerschaft und Familien mit Kindern bis drei Jahre. Sie sind niedrigschwellig und richten sich besonders an Familien in belasteten Lebenslagen. Hier können die Angebote nach PLZ gesucht werden: https://www.elternsein.info/fruehe-hilfen/suche-fruehe-hilfen/

Infomaterialien und Bücher zum Thema Kinder als Mitbetroffene von Partnerschaftsgewalt

- Handlungsempfehlung für mitbetroffene Kinder des WHO RT unter: https://rtb-gesundheit.de/sites/default/files/2023-04/2023_02_20_Abl%C3%A4ufe_Begleitunterlagen_Entwurf_EmpfehlungMuKi.docx.pdf
- Frauenhauskoordinierung (Hrsg.) (2022): Kinderbuchliste – Partnerschaftsgewalt, häusliche Gewalt, sexualisierte Gewalt. Berlin, Download: https://www.frauenhauskoordinierung.de/fileadmin/redakteure/Publikationen/Handreichungen_Arbeitshilfen/2022-10-05_Kinderbuchliste_DIN_A6_0928_web.pdf
- Andreas Krüger (2016): Erste Hilfe für traumatisierte Kinder. Seelische Verletzungen müssen ebenso sorgfältig wie körperliche Wunden behandelt werden. Jede*r Erwachsene kann Erste Hilfe leisten. Ein Ratgeber zum Thema – mit vielen Check- und Merklisten.
- Zuhause bei Schulzes. Kinderbuch über häusliche Gewalt und Möglichkeiten der Hilfe/Intervention. Bestellung und Download: https://www.big-berlin.info/medien/zu-hause-bei-schulzes
- Zoff daheim. Die Polizei kommt. Eine Information für Kinder und Jugendliche nach häuslicher Gewalt. Bestellung und Download: https://www.big-berlin.info/medien/zoff-daheim-die-polizei-kommt
- Flyer der Kinderschutzzentren zur Weitergabe an Eltern: https://www.kinderschutz-zentren.org/wp-content/uploads/2023/06/KinderschutzZentren_Flyer_Eltern.pdf
- Arbeitskreis Neue Erziehung e.V. (ane) (2018): Extrabrief: Häusliche Gewalt »Kinder leiden mit«. Informationen, Rat und Kontaktadressen zum Thema Gewalt in der Familie – für Betroffene und Außenstehende. Extrabrief in 4 Sprachen. Kostenloser Download: https://www.ane.de/bestellservice/haeusliche-gewalt/
- BIG e.V. Prävention (2020): Elternbrief zum Thema häuslicher Gewalt. Elternbrief in 7 Sprachen. Kostenloser Download und Bestellservice: https://www.big-berlin.info/medien/elternbrief-haeusliche-gewalt

Angebote für gewaltausübende Männer

- Bundesarbeitsgemeinschaft Täterarbeit Häusliche Gewalt e.V. bietet eine Suchmaske für Beratungsstellen unter: https://www.bag-taeterarbeit.de/beratungsstellen/
- Beratung für Männer über das Männerberatungsnetz: https://maennerberatungsnetz.de/
- Männer gegen Männergewalt listet über 120 Beratungsstellen in Deutschland, Österreich, Schweiz und Luxemburg: https://maennerberatungsnetz.de/

- Das Präventionsnetzwerk »Kein Täter werden« bietet deutschlandweit ein kostenloses und durch die Schweigepflicht geschütztes Behandlungsangebot für Männer und Frauen, Erwachsene und Jugendliche, die therapeutische Hilfe suchen, weil sie sich sexuell zu Kindern hingezogen fühlen: https://www.kein-taeter-werden.de/

Stichwortverzeichnis

A

Angststörung   27

B

belastende Kindheitserlebnisse (adverse childhood experiences)   89
Bindung   68

D

dating violence   15
depressive Störungen   27
digitale Gewalt   17
dissoziative Störungen   29

E

emotionale Gewalt   16
Empowerment   68, 81
Erziehungsfähigkeit   91
Eye Movement Desensitization and Reprocessing-Therapie (EMDR)   34

F

Familiengericht   104
feministische Psychotherapie   44
Femizid   21

G

Gefährdungslage   58
Gewaltschutzgesetz   111
Gewaltzirkel   60, 75
Grenzverletzungen   83

H

häusliche Gewalt   15
Hochrisikofälle   59

I

innerfamiliäre Gewalt   15
Intervention, nicht-traumafokussierte   33
Intervention, traumafokussierte   33
Istanbul-Konvention   16, 112

J

Jugendamt   98

K

Kinder   58, 88
Kindeswohlgefährdung   72, 101
kognitive Verhaltenstherapie   34
kontextualisierte Traumaarbeit   39

M

Missbrauch   90
Mutter-Kind-Kur   109
Mythen   73

P

pharmakotherapeutische Behandlung   36
phasenorientierte Verfahren   35
proaktiv   117
psychosoziale Prozessbegleitung   113
psychotische Störungen   29
PTBS   26
PTBS, komplexe   26

R

Resilienzfaktoren   94
Ressourcen   54, 92

S

Scham   68, 70
Schuld   68, 70
Schweigepflichtsentbindung   105
Selbstfürsorge   85
selbstverletzendes Verhalten   65
sexualisierte Gewalt   20
Sicherheit   54
Sicherheitsplan   58, 63
somatische Belastungsstörungen   28
Sorge- und Umgangsrecht   104
Stalking   17
Stockholm-Syndrom   75
Strafverfahren   53
substanzbezogene Störungen   28
Suizidalität   65

T

Transgenerationalität   93
Traumaambulanz   110
traumainformiert   108
Trennung   65
Trigger   23

V

Victim Blaming   76

Z

Zeugnisverweigerungsrecht   105